가까운 사람이
자기애성 성격 장애일 때

가까운 사람이
자기애성 성격 장애일 때

자책 없이 침착하게 나를 지키고 그를 돕는 법

우도 라우흐플라이슈 지음

장혜경 옮김

심심

일러두기

본문 내 각주(✢)는 옮긴이 주석이며, 원서 주석은 미주로 실었다.

매력적인데 증오스러운

인터넷이나 심리학 또는 정신병학 전문 서적을 뒤져보면 임상 진단이 가능한 자기애성 성격 장애 환자는 인구의 0.5~2.5퍼센트에 불과하다는 사실을 알 수 있다. 그런 극소수 환자의 가족, 친구, 동료 들이 읽을 특별한 책을 쓰는 것이 과연 의미가 있을까?

이 주제로 책을 써달라는 출판사의 청탁을 받고 망설인 이유도 그 때문이었다. 하지만 조금 더 조사해본 후 나는 세 가지 이유에서 이 책이 필요하다는 결론을 내렸다. 첫째, 앞서 말한 자기애성 성격 장애 환자의 비율은 수정할 필요가 있다. 우리가 흔히 나르시시스트라고 부르는 사람의 숫자는 공식적인 환자 숫자보다 훨씬 더 많기 때문이다. 가령 의학 진단 목록에는 들어가지 않지만 다소 강한 자기애성 성격을 보이는 사람들이 그에 해당할 것이다.

둘째, 이 사람들을 향한 일반의 관심이 매우 높다. 이들이 한편으로는 매력적이고 감탄을 불러일으키지만 또 한편으로는 두려움과 증오의 대상이기도 하기 때문이다.

셋째, 전문 서적과 인터넷에서는 나르시시스트 본인에 관한 정보밖에는 찾을 수가 없다. 나르시시스트의 부모, 친구, 직장 동료, 상사가 읽고 도움받을 만한 자료는 거의 찾아보기 힘들다. 나르시시스트를 가장 가까운 곳에서 지켜보며 그들이 일으키는 온갖 문제를 해결해야 하는 사람들인데도 말이다.

13장으로 구성된 이 책은 나르시시스트와 개인적인 관계를 맺은 사람이 흔히 겪는 문제들을 살펴볼 것이다. 독자들의 이해를 돕기 위해 실제 인물의 경험과 행동을 담은 다양한 사례를 제시했지만 내용을 짜깁기해 인물의 익명성을 보장했다. 등장인물의 이름도 가명이다.

1장에서는 나르시시즘, 다시 말해 자기애성 성격 장애가 무엇인지를 상세히 설명한다. 이 성격 장애에 이름을 선사한 고대 나르키소스의 신화는 물론이고, 나르시시즘 개념을 사회적 차원으로 확대하려는 몇몇 저자의 노력에 관해서도 살펴볼 것이다. 이런 설명을 통해 당신을 의사 못지않게 확실한 진단을 내릴 수 있는 자기애성 성격 장애 전문가로 만들겠다는 것이 아니다. 그보다는 나르시시스트들의 속마음이 어떠하며 그런 성격 장애를 앓는 환자의 친구나 가족으로서 당신이 어떤 일들을 겪을 수 있는지를 자세히 알리는 데 더 치중할 것이다. 또 당신이 나르시시스트를 충분히 이해해, 피해를 입지 않고 그들의 행동에 바람직하게 대처할 수 있도록 돕고자 한다. 이를 위해 당신에게 유익한 여러 가지 당부를 들려줄 것이다. 물론 만인에게 통하는 만병통치약은 없다는 점을 잊지 말았으면 한다.

그다음으로는 여러 장에 걸쳐 자기애성 성격 장애의 주요 증상들을 소개할 것이다. 자기애성 성격 장애 환자는 힘든 일이 생길 때마다 상상의 세계로 도피한다(2장). 타인의 칭찬과 인정에 목을 매고(3장), 다른 사람을 '목적을 위한 수단'으로 이용하려는 경향이 높다(4장). 그들은 극도로 예민하고 상처를 잘 받지만 상대를 공격할 때는 무자비하다(5장). 겉으로는 확신이 넘쳐서 마음의 갈등이라고는 없어 보이지만 사실 속으로는 절망감이 깊고 자신감이 매우 낮다(6장). 돈 후안 같은 바람둥이이며(7장), 다가오는 사람을 자꾸 밀쳐내고(8장), 극도로 권력 지향적이다(9장). 무가치한 인간이라는 자괴감에서 헤어 나오지 못하고(10장), '최고'가 되기 위해서라면 범죄 행각도 아무렇지 않게 저지르며(11장), 극심한 수치심을 숨기려고 뻔뻔한 짓도 마다하지 않는다(12장).

마지막 13장에서는 한 남성을 예로 들어 나르시시스트의 긍정적인 특성을 소개할 것이다. 이들에게는 참담한 실패에서도 긍정적인 면을 찾아내어 고단한 상황을 참고 견디는 뛰어난 능력이 있다. 만인의 존경과 감탄을 받아 마땅한 능력일 것이다.

각 장의 마지막에는 그 장에서 가장 중요한 내용을 요약정리했다. 더불어 당신과 환자에게 도움이 될 바람직한 행동들을 '당신이 할 수 있는 일'로 정리해 소개했다. 나아가 이 책의 마지막에는 책 전체의 주요 내용을 다시 한번 요약정리했다.

이 책이 '나르시시즘' 현상에 관한 이해를 돕고, 자기애성 성격 장애를 앓거나 그런 성향을 보이는 사람에게 보다 현실적이고 긍정적으로 다가갈 수 있는 길을 열어준다면 좋겠다. 또 환자와 대화를 모색하고자 하는 당신의 노고를 조금이나마 덜어줄 수 있다면 좋겠다. 무엇보다 이 책을 통해 가족, 친구는 물론이고 환자 스스로도 혼자라는 막막한 심정에서 벗어난다면 진심으로 기쁠 듯싶다.

차례

1장

자기애성 성격 장애란 무엇인가?

인터넷이나 전문 서적에서 나르시시즘 또는 자기애성 성격 장애에 관한 내용을 찾아보면 아마 관련 자료가 엄청나게 쏟아질 것이다. 여러 심리학파는 각기 나름의 심리 이론을 펼치기 때문에 자기애성 성격 장애에 관한 생각도 학파마다 다르다. 당연히 환자의 치료 방법을 두고서도 의견이 갈린다. 심할 경우 정반대되는 주장을 하기도 한다.

다른 정신 장애와 달리 자기애성 성격 장애는 사회학적 관점에서도 자주 다루어진다. 원래는 개인에게 사용되는 의학 진단이 사회 전체로 확장된 것이다.

가령 정신과 의사 한스 요아힘 마츠Hans Joachim Maaz[1]는 《나르시시즘 사회Narzisstischen Gesellschaft》에서 우리 사회는 구성원들이 나르시시즘 장애를 앓는 "나르시시즘 사회"라고 주장한다. 현대인은 근본적으로 불안하기 때문에 나르시시즘적인 보상을 원하고 따라서 소비, 소유, 동영상, 여가 활동 등을 통해 쉬지 않고 기분을 전환해야 한다. 탐욕은 서구 소비사회에 사는 인간 대부분이 느끼는 나르시시즘적 결핍의 주요 특징이며, 그곳에 사는 사람들은 그 탐욕으로 인해 "나르시시즘의 덫"에 빠지게 된다고 말이다.

오스트리아의 정신과 의사인 라인하르트 할러Reinhard Haller[2]를 필두로 다른 저자들 역시 나르시시즘을 우리 시대의 "주요 신경증"으로 보며, 셀피와 거울은 "창궐하는 나르시시즘의 특징"[3]이라고 주장한다. 그들은 페이스북과 트위터 같은 소셜 미디어를 자주 거론하면서 이것들이 우리 시대 특유의 극단적 자기과시욕을 표현한다는 점을 지적한다. 미국 심리학자 진 트웽이Jean Twenge와 키스 캠벨Keith Campbell[4]은 여기서 한 걸음 더 나아가 나르시시즘을 "전염병"이라 부른다. 나르시시즘이 현대사회에서 "바이러스처럼" 퍼져나가지만 그것을 막을 "백신은 나올 가망이 없다"고 주장한다.[5]

그러나 정신분석학자 페터 슈나이더Peter Schneider[6]의 경우 이런 식의 개념 확장에 반대한다. 그는 페이스북이나 트위터 같은 뉴미디어가 우리 자신과의 관계를 변화시키지만, 그런 변화를 무조건 병리학적 나르시시즘으로만 볼 수는 없다고 주장한다. 그런 식의 시대 진단은 "대부분이 문화 염세주의적인 몰락, 일화의 신뢰성, 저널리즘의 흥분이 뒤섞인 짬뽕"이라는 것이다.[7]

실제 나 역시 개인에게 내리는 질병 진단을 전 사회 현상으로 확대 사용하는 것에는 조심스러운 입장이다. 그럼에도 나르시시즘이 시대 분위기를 설명하고 공인의 행동을 이해하는 데 적잖이 필요한 개념이라고 생각한다.

나르시시즘에 관한 자료들을 살펴보면 보통 이 개념을 매우 부정적으로 사용하고 있음을 확인할 수 있다. 일상적으로도 '나르시시스트'는 자기애에 사로잡혀 주변을 보지 못하고 허영심이 강한 사람을 일컫는다. 물론 일부 환자에게는 맞는 말이지만, 그럼에도 이런 식의 의미는 표면만을, 그 사람의 행동에서 눈에 보이는 부분만을 설명할 뿐이다. "자기밖에 모른다"거나 "허영심이 많다"는 말로는 장애의 진짜 원인을 설명하지 못하기 때문이다.

　'나르시시즘'은 어려운 개념이다. 전문 서적에서는 전혀 다른 여러 현상을 이 개념으로 설명하기도 한다. 따라서 '나르시시즘적'이라는 말을 사용할 때는 조심할 필요가 있다. 더구나 저자에 따라 장애의 원인을 전혀 다르게 보기도 하므로 그에 따른 치료 방법 역시 완전히 달라질 수밖에 없다. 클라우스 슐라크만Klaus Schlagmann이 "바빌론급 언어 혼란"이라고 표현할 정도로 복잡한 상황인 것이다.[8]

　무엇보다 중요한 점은, 나르시시즘을 다룰 때는 처음부터 병리학적인 내용을 문제 삼을 것이 아니라 한 사람의 자존감 문제를 우선으로 다루어야 한다는 사실이다. 나르시시즘은 적절한 나르시시즘, 그러니까 건강한 자존감과 자의식에서 중증 자기애성 성격 장애에 이르기까지 그 스펙트럼이 실로 광범위하다. 그 가운데에는 자기애성 성향을 띠기는 하지만 자기애성 성격 장애의 기준에는 미치지 못할 정도의 자기애 증상을 보이는 사람도 있을 것이다. 그런데 일상에서 우리는 그런 사람도 나르시시스트라고 부른다.

　마지막으로 나르시시즘은 고대 신화에 바탕을 두고 있

다는 점에서도 특이한 정신 질환이다. 흔히 나르키소스 신화는 한 가지 버전밖에 없다고 알려져 있다. 인기가 하늘로 치솟던 청년 나르키소스는 자기가 너무 잘생겼다고 자만해 모든 이의 사랑을 거부한다. 그리고 샘물에 비친 자신의 모습에 푹 빠져서 그를 잡겠다고 물에 뛰어들어 익사한다.

하지만 실제 전해 내려오는 나르키소스 신화는 나르키소스가 어떻게 죽는가를 두고 다양한 버전이 존재한다.[9] 그리고 그 죽음의 형태에는 자기애성 성격 장애의 다양한 특징이 잘 반영되어 있다.

물론 이런 차이가 있음에도 한 가지 면에서는 모든 나르키소스 신화가 일치한다. 나르키소스가 물을 바라보다 죽었다는 사실이다. 나르키소스는 강의 신 케피소스와 샘의 님프 레이리오페의 아들이므로 죽어서 다시 부모가 있는 물로 돌아간 셈이다.

처음으로 나르키소스 신화를 소개한 파우사니아스 Pausanias+의 책은 나르키소스가 똑같이 생긴 쌍둥이 여자 형

+   2세기경에 활약한 그리스의 여행가, 지리학자.

제를 열렬히 사랑했다고 전한다. 그녀가 세상을 뜨자 물에 비친 자신의 모습을 그녀라고 착각한 나르키소스가 그만 물로 뛰어들었다는 것이다. 이 경우는 사랑하는 사람을 자신과 동일시하고 그 사람과 녹아 하나가 되기를 바라는 자기 대상selfobject⁺10의 추구로 해석할 수 있다.

많이 알려지지 않은 로마 신화의 다른 버전에선 나르키소스가 강의 신인 아버지를 찾아 샘으로 뛰어든다. 이 경우는 현대 나르시시즘 이론에서 말하는 이상적 대상ideal object 11의 추구로 볼 수 있을 것이다. 반면 비비우스 세케스테르Vibius Sequester(4 또는 5세기)는 나르키소스가 샘의 님프인 어머니를 찾다가 죽었다고 주장한다. 이 경우 역시 이상적 대상의 추구라고 볼 수 있다.

오비디우스⁺⁺가《변신 이야기》에 담은 가장 유명한 버전에서는 정말로 잘생긴 청년이었던 나르키소스가 만인의 사랑과 감탄을 한 몸에 받았지만 절대 그 사랑에 응답하지

⁺   자신의 요구에 반응하면서 그 역할과 기능을 수행하는 대상.
⁺⁺   기원전 43년~기원후 17년, 로마 시인.

않았다고 쓰여 있다. 그래서 자신을 사랑한 산의 님프 에코는 물론이고 아메이니아스의 구혼 역시 차갑게 거절한다. 나르키소스의 거절에 절망한 아메이니아스는 신들에게 복수해달라고 부탁하고 나르키소스의 집 앞에서 자살한다. 네메시스가 그의 부탁을 들어주어 영원한 자기애로 나르키소스를 벌한다. 그리하여 나르키소스는 물에 비친 자신의 모습을 사랑하게 되고 그 모습을 붙잡으려 애타게 몸부림친다. 하지만 그럴 수 없다는 것을, 자기애는 이룰 수 없는 사랑이라는 것을 깨달은 나르키소스는 결국 숨을 거두고 그의 피에서 꽃이 자라난다. 고대 사람들은 그 꽃 수선화를 하계의 꽃, 죽은 자들의 꽃이라고 생각했다. 오비디우스 버전은 현대 나르시시즘 이론으로 보면 자신에게만 집중하고 자신만을 사랑하는 불행한 상황을 상징한다.

다른 버전의 신화들은 주로 나르키소스를 향한 두 남성의 동성애가 불러온 갈등을 주제로 삼는다. 앞서 언급한 아메이니아스도 그랬지만 프로부스Probus(1세기)의 버전에 등장하는 엘롭스 역시 나르키소스에게 구애했다가 차갑게 거절당한다. 아메이니아스가 등장하는 버전에서는 나르키소스가 자기애를 이루지 못해 자살하지만 엘롭스가 등장하는 버전에서는 거절당한 엘롭스가 나르키소스를 죽인다. 역시 나르키소스의 피에서 꽃이 자라고, 그 꽃의 이름이 나르키소스가 된다. 이들 두 버전 역시 나르키소스에게 박대당한 님프 에코의 이야기처럼 타인의 사랑을 거절하는 것이 중심 테마다.

이처럼 여러 버전에서 주제로 삼은 모티브들은 현대 심리학의 나르시시즘 이론에서도 이런저런 방식으로 재발견되고 있다. 그 중심에는 항상 타인의 사랑을 받아줄 수 없고 자신의 사랑으로 화답하지 못하는 나르시시스트의 무능함이 있다. 앞으로 나는 이런 성격 특성을 가진 다양한 인물을 소개할 것이다.

살펴봤듯 이론은 다양하지만 '정신 장애 진단 및 통계 편람DSM'⁺이 정한 자기애성 성격 장애 증상들은 명확하다. DSM-5에 따르면 자기애성 성격 장애는 성격 장애의 한 형태다. 성격 장애란 장기간 지속되는 상태와 행동 패턴으

⁺　　　1952년부터 미국 정신의학회가 주관하여 기획·출판하는 의료 편람.

로 생활 방식, 자신 및 타인과의 관계에서 잘 드러난다. 환자의 인지, 사고, 감정, 관계 패턴이 다른 사람과 너무 다르기 때문에 개인적·사회적 상황에서 뚜렷한 행동 차이가 나타난다. 성격 장애는 대부분 아동기나 청소년기에 시작되고, 시간이 가면서 차츰 반응 패턴으로 굳어진다. 따라서 환자는 상황에 유연하게 대처하지 못하고 사회적으로 부적절하거나 비합리적인 행동을 하게 된다. 당연히 개인의 고통과 사회적 기능 장애가 동반되는 경우가 많다.

자기애성 성격 장애는 상대적으로 희귀한 질병이다(환자 비율이 전체 인구의 0.5~2.5퍼센트로 추정된다). 하지만 앞에서도 말했듯 이 책은 자기애성 성격 특성이 다소 강한 사람들까지 포함해 다룰 것이다.

자기애성 성격 장애의 가장 중요한 특성은 다음과 같다.

DSM-5에 따른 자기애성 성격 장애의 진단 기준[12]

* 과대성(공상 또는 행동상), 숭배에의 요구, 감정이입의 부족
이 광범위한 양상으로 있고 이는 청년기에 시작되어 여러 상
황에서 나타나고, 다음 중 5가지(또는 그 이상)로 나타난다.

1. 자신의 중요성에 대한 과대한 느낌을 가짐(예, 성취와 능력
에 대해서 과장한다. 적절한 성취 없이 특별대우받기를 기대한다).
2. 무한한 성공, 권력, 명석함, 아름다움, 이상적인 사랑과 같
은 공상에 몰두함.
3. 자신의 문제는 특별하고 특이해서 다른 특별한 높은 지위
의 사람(또는 기관)만이 그것을 이해할 수 있고 또는 관련해야
한다는 믿음.
4. 과도한 숭배를 요구함.
5. 특별한 자격이 있는 것 같은 느낌을 가짐(즉, 특별히 호의적
인 대우를 받기를, 자신의 기대에 대해 자동적으로 순응하기를 불합

리하게 기대한다).

6. 대인관계에서 착취적임(즉, 자신의 목적을 달성하기 위해서 타인을 이용한다).

7. 감정이입의 결여: 타인의 느낌이나 요구를 인식하거나 확인하려 하지 않음.

8. 다른 사람을 자주 부러워하거나 다른 사람이 자신을 시기하고 있다는 믿음.

9. 오만하고 건방진 행동이나 태도.

시어도어 밀론Theodore Millon [13]은 나르시시스트의 유형을 아래와 같이 구분한다. 우리도 뒤에서 차근차근 하나씩 살펴볼 것이다.

• **정상형 나르시시스트** 능력이 뛰어나고 자기 확신이 강해 성공적인 삶을 산다.

• **무절제형 나르시시스트** 거짓말을 잘하고 타인을 이용하며 사기를 친다. 그런 수법으로 성공을 거두기도 하지만 상황에 따라서는 범죄자가 되기도 한다.

- **호색형 나르시시스트:** 매력을 뽐내고 자기과시적이다. 깊은 관계를 맺을 수 없다.

- **보상형 나르시시스트:** 자신이 대단한 사람이라 자랑하지만 마음속 깊은 곳엔 엄청난 열등감과 수치심이 깔려 있다.

- **엘리트형 나르시시스트:** 과도한 자존감을 드러내고 허풍이 심하다. 자기중심적이고 사회적 성공을 갈망하며 남의 칭찬에 목을 맨다.

- **광신형 나르시시스트:** 낮은 자존감과 별 볼 일 없는 현실을 보상하기 위해 자신이 전능하다고 광신한다. 이들의 행동은 편집증적 성향을 띤다.

또한 자기애성 성격 장애와 관련해 "어둠의 3요소^{Dark} ^{Triad}"$^+$라는 말을 많이 한다.[14] 이것은 나르시시즘 성향이 강한 아래의 세 가지 성격 유형을 일컫는 말이다.

- **나르시시스트**는 '타인은 나를 숭배하기 위해 존재한다'고

+ 심리학자 델로이 폴허스D. L. Paulhus와 케빈 윌리엄스K. M. Williams가 주장한 이론으로, 인간관계를 망가뜨릴 수 있는 해로운 성향의 세 가지 성격을 말한다.

생각한다. 자신이 남들보다 우월하다고 생각하며 자신을 과대평가한다.

- **마키아벨리스트**는 "목적이 수단을 정당화한다"는 말을 인생 모토로 삼는다. 타인을 자기 뜻대로 조종하려 하고 목적을 위해서라면 타인의 아픔은 아랑곳하지 않는다.
- **사이코패스**는 타인을 이용하는 '물건'으로 생각한다. 냉혈한이고 충동적이며 행동의 결과를 두려워하지 않는다.

밀론과 폴허스가 그렇듯 학자들의 진단 기준과 설명은 극도로 부정적이다. 그들의 주장을 읽다 보면 나르시시스트는 가능한 한 피하는 것이 좋은 불쾌한 인간이라는 인상을 받기 쉽다. 하지만 그건 정당한 평가가 아니다. 그 이유는 첫째, 그런 설명은 성격 장애의 특징만 나열하기 때문에 그 장애를 보상하고도 남을 나르시시스트들의 능력과 장점에는 전혀 관심을 두지 않는다. 가령 나르시시스트들의 지성, 활력, 풍부한 경험 등에는 아예 눈길조차 주지 않는다.

둘째, 자기애성 성격 장애 환자들이 앞서 말한 여러 가지 부정적 행동 방식을 보이는 것은 사실이다. 하지만 그건 겉모습일 뿐이다. 그 아래엔 자존감을 다친 예민한 인간이 웅크리고 앉아 자신을 보호하기 위해 안간힘 쓰고 있다. 따라서 이 책은 겉으로 드러나지 않는 나르시시스트들의 상처와 아픔에 관해서도 자세히 살펴볼 것이다.

마지막으로 자기애성 성격 장애 환자라고 해서 모두가 주변에 부정적인 영향만 행사하는 것은 아니다. 경제·정치·예술계의 중요한 인물 중에도 자기애성 성격 장애 환자들이 있다. 마지막 장에서 설명할 테지만 이들은 우리에게 아낌없는 존경과 감탄을 받아 마땅한 사람들이다. 자신만의 성격 특성을 잘 활용하여 고단하고 상처 많은 세상에서 살아남았고, 온갖 실패와 아픔을 겪고도 항상 긍정적인 면을 찾아낼 줄 아는 위대한 사람들이다.

자기애성 성격 장애의 원인을 두고는 이론이 분분하다. 생물학적 요인(가령 마음을 쉽게 다치고 적개심과 불신이 강하다)과 함께 유년기의 특수한 조건도 원인으로 거론된다. 정신분석학자 오토 컨버그Otto Kernberg [15]는 자기애성 성격 장애가 조건 없는 사랑을 주지 않은 부모의 교육 탓이라고 주장한다. 자존감을 다친 아이가 자신을 과대평가해 그 상처를 보상하려 한다는 것이다.

자기 심리학self psychology의 창시자인 하인츠 코헛Heinz Kohut [16]은 반대로 자기애성 성격 장애는 발달 과정 중에 일어난 문제라고 본다. 나르시시스트는 발달 수준이 아동기에 멈춰 있다. 자신을 조건 없이 받아들이지 않는 부모를 충분히 이상화할 수 없어 성숙한 자기 조절력을 키우지 못했기 때문이다. 따라서 자의식을 지키려면 자신에게 공감과 관심을 선사하는 타인을 계속 이용할 수밖에 없는 것이다.

2장

달콤한 상상이 위험하다

라라 쾨스터는 어릴 적부터 현실보다 상상 속 세계에서 더 오래 살았다. 학교 성적표의 '태도'란에도 "집중을 못 하고 딴생각을 많이 한다"고 적혀 있었다. 당연히 성적이 좋을 리 없었다. 지능검사 결과를 보면 지능은 꽤 좋았음에도 말이다.

한번은 라라의 담임선생님이 어머니에게 딸을 심리치료사에게 데려가 보라고 권한 적도 있었다.

"수업 시간에 멍하니 딴생각을 많이 합니다. 공상이 심한 것 같아요. 앞으로 더 심해질까 걱정되니 한번 전문가를 찾아가서 의논해보시는 게 좋을 것 같습니다."

하지만 라라의 엄마는 선생님의 경고를 심각하게 받아

들이지 않았다. 더구나 라라가 절대로 치료를 받지 않겠다고 우겼다. 그래서 엄마는 편히 생각하기로 마음먹었다.

"애가 원래부터 상상력이 남달랐어. 이 험한 세상에서 공상 좀 한다고 뭐가 문제겠어. 나도 공상 덕에 지금껏 남편하고 살았지 안 그랬으면 진즉에 갈라섰을 거야."

실제로 라라의 부모님은 사이가 안 좋았다. 아버지는 술을 너무 많이 마셨고, 그럴 때마다 어머니와 아버지는 싸움을 했다. 부모가 싸우던 그 수많은 밤마다 라라는 방에 틀어박혀 벌벌 떨면서 아버지의 욕설과 어머니의 울음소리를 들어야만 했다.

그런 순간이면 라라는 상상의 세계로 숨어들었다. 모두가 평화롭게 어울려 사는 왕국의 공주가 되는 상상이었다. 그녀는 세상 누구보다 아름답고 부유했으며 부모의 사랑과 온 국민의 추앙을 한 몸에 받았다. 현실에서 부모의 다툼이 심해질수록 라라는 더욱더 상상에 매달렸다. 그러면 조금은 숨통이 트였다.

고등학교를 형편없는 성적으로 졸업한 후 라라는 여기저기 일자리를 알아보았다. 미용실 보조, 화장품 가게 점원,

백화점 판매사원으로 취직했지만 매번 몇 주를 넘기지 못하고 그만두었다. 이유는 똑같았다. 대우가 형편없고 월급이 쥐꼬리만 하다는 것이었다. 그럴 때마다 엄마가 옆에서 편을 들어주었다.

"네 말이 맞아. 하녀 취급받으면서 어떻게 일을 해. 네 아빠를 봐. 잘사는 집에서 태어나 대학까지 마쳤지만 저 꼴이잖아. 우리 딸의 가치를 알아봐 주는 자리가 분명 있을 거야."

하지만 라라와 함께 일했던 직장 상사나 동료들은 모두 입을 모아 라라가 너무 버릇이 없고 요구 사항이 많다고 화를 냈다. 심지어 미용실 사장은 "지가 무슨 공주인 줄 알아요"라고 비아냥댔다.

라라는 그러거나 말거나 끄떡도 하지 않았다. 부모한테도 그런 한심한 직장을 그만두는 게 뭐 어떠냐며 당당하게 말했다. 하지만 사실 마음속으로는 자신에게 실망했고 아무것도 꾸준히 할 수 없는 자신이 부끄러웠다. 그런 순간이면 그녀는 다시 상상의 세계로 도망쳤다. 돈 많고 아름다운 여자가 되어 온 세상의 사랑을 받는 그 멋진 세계로.

그 시절 그녀는 미용실 주인이 되는 상상을 자주 했다.

상상 속 세계에선 경제·정치·연예계의 유명인들이 그녀의 미용실로 구름처럼 몰려들었다. 다들 라라에게만 상담을 받으려 하고, 그녀에게만 머리 손질을 받고 싶어 했다. 국제 모델 대회에서 우승한 모델이 우승 소감을 발표하는 자리에서 자랑스럽게 라라 원장님께 감사 인사를 전하기도 했다.

괜찮은 일자리를 찾으려는 노력이 수포로 돌아갈 때마다 그녀의 상상은 더 대담해지고 더 화려해졌다. 물론 그녀는 그런 사실을 비밀에 부쳤다. 아주 가끔 엄마에게만 미래의 계획인 양 상상을 그럴싸하게 포장해 들려주었다. 엄마역시 자주 상상의 세계에 빠지는 데다 딸을 오냐오냐 키우는 사람이어서 딸의 계획이 너무나 비현실적임을 알았음에도 전혀 꼬투리 잡지 않았다. 오히려 딸이 "특별한 사람"이며 "훌륭한 일"을 해낼 수 있다고 격려를 아끼지 않았다.

엄마의 칭찬은 자신의 계획이 현실적이라는 라라의 확신을 키웠다. 처음에는 실현 가능성이라고는 없는 허황된 꿈에 불과하다는 의심이 없지 않았지만 시간이 갈수록 자신이 대단한 일을 해낼 수 있고, 유명한 사람이 될 수 있으리라는 생각이 확신으로 굳어갔다.

그러나 심할 때는 하루에도 몇 시간씩 백일몽에 젖어 있는데 현실이 달라질 리 만무했다. 자신이 특별하다는 생각은 변함없었지만 막상 현실로 뛰어들 자신은 없었다.

예쁜 여자가 어느 날 돈 많은 왕자님을 만나 팔자가 확 피는 로맨스 드라마와 영화도 라라의 마음을 사로잡았다. 그런 드라마를 보고 있으면 주인공 여성이 자신인 것만 같고, 언젠가 자신에게도 그런 꿈같은 일이 일어날 것만 같았다.

그렇게 라라는 상상의 세계에 빠져 자꾸만 현실에서 멀어져 갔다. 현실에서 실패가 거듭될수록 더욱 상상의 세상으로 빠져들었다. 실패는 그녀를 상상의 세상으로 밀어 넣었고, 그 결과는 다시 현실에서의 실패로 나타났다. 그야말로 악순환이었다.

돈이 다 떨어져 다시 직장을 구하지 않으면 안 되는 상황이 되었다. 하지만 직업교육을 제대로 마치지 못했기 때문에 구할 수 있는 일이 아르바이트 자리뿐이었다. 그런 현실이 또다시 심한 모욕으로 다가왔고, 그녀는 이번에도 역시나 상상의 세상으로 뛰어들었다.

그러는 사이 인간관계의 폭도 크게 줄었다. 직장에 오래

다니지 못하니 직장 동료가 있을 리 없었다. 그나마 친하게 지내던 학창 시절 친구들도 사는 모양새가 달라지니 점차 소원해졌다.

딱 한 명 '좋은' 친구가 있었다. 하지만 드라마 보는 시간이 친구 만나는 시간보다 더 좋다 보니 친구와도 만나는 횟수가 자꾸 줄었다. 그 친구 역시 라라와 만나는 게 즐겁지 않았다. 라라의 입에서 나오는 말이라고는 다 현실성 없는 황당한 이야기뿐이었으니 말이다. 하지만 또 한편으로는 현실에 발붙이지 못하는 라라가 가여웠다.

어느 날 밤, 유명 패션 가게에 곧 취직할 것이고, 돈을 벌어서 자신도 그런 가게를 차릴 것이라는 라라의 이야기를 듣다가 친구가 작심한 듯 충고를 던졌다.

"이제 제발 정신 좀 차리고 현실을 똑바로 봐. 라라, 그건 다 네 생각이지. 네 상황이 힘들고 괴로운 건 알겠는데, 그렇게 현실을 외면하고 상상만 하고 있으면 상황은 자꾸 더 나빠져."

라라가 화난 표정으로 벌떡 일어나 인사도 없이 뛰쳐나갔다. 그날 밤 친구가 몇 번이나 문자를 보내서 사과했지만 라라는 답이 없었다. 친구가 며칠 동안 전화를 걸어도 라라는 끝내 받지 않았다. 마지막 남은 라라의 인간관계는 그렇게 끝나고 말았다.

자기애성 성격 장애 환자들은 상상의 세계로 도피함으로써 고단한 상황과 개인의 실패를 보상하려는 경향이 과하게 크다. 상상 속 세계에서 그들은 현실과 정반대로 성공해 만인의 부러움을 사며, 다른 사람들은 전부 못되고 심술궂고 실패한 인생을 산다. 이들은 심리학자 밀론[17]이 '보상형 나르시시스트'라고 부른 사람들이다. 과도한 자괴감과 수치심을 보상하기 위해 비현실적인 상상에 빠져든다.

많은 경우 어릴 때부터 그런 성향이 나타난다. 라라 쾨스터처럼 '더 나은' 세상으로의 도피가 뜻대로 되지 않는 고단한 현실 인식을 막아주기 때문이다. 그런 점에서만 본다면 청소년 시절까지는 상상으로의 도피가 어느 정도 도움이 될 수 있다.

또한 이런 행동이 반드시 정신 장애의 표현인 것은 아니다. 상상의 세계는 잠시 암울한 현실을 떠나 마음의 안정을 찾고 에너지를 회복하는 긍정적인 방어 기능을 한다. 라라 역시 걸핏하면 술을 먹고 엄마에게 폭력을 휘두르는 아버지와 우는 엄마, 날이 갈수록 떨어지는 학교 성적, 힘든 교우 관계를 외면하기 위해 상상의 세계를 택했을 것이다.

하지만 이런 전략은 너무나 달콤하기 때문에 도리어 큰 문제를 발생시킬 수 있다. 살다가 조금만 어려움이 닥쳐도 곧바로 상상 세계에 도움을 청할 것이고, 그러다 보면 상상이 자동 방어기제처럼 당연한 반응이 되어버릴 테니까 말이다.

알코올의존증과 같은 이치이다. 살다가 문제가 생기거나 사람들과 갈등을 빚을 때 술을 마시면 금방 마음이 안정된다. 하지만 이렇게 한 번 두 번 술을 마시다 보면 결국 문제가 생긴다. 음주가 당연히 거쳐야 하는 문제 해결 과정이 되어버려 술이 없으면 갈등을 해결할 수 없는 지경에 이르는 것이다. 게다가 술은 몸과 마음에 심각한 악영향을 미친다.

상상 세계로의 도피도 술과 다르지 않다. 이 전략 역시 술이나 마약처럼 도저히 헤어 나올 수 없는 구렁텅이로 변할 수 있다. 백일몽은 점점 더 당연시되고 저항력은 점점 더 약해진다. 상상의 도움으로 부정적인 현실을 방어하는 (그 자체로는 건설적인) 전략이 오히려 독이 되고, 자기애성 성격 장애로 전락하고 만다.

이런 아이의 성향을 부모가 옆에서 부추길 경우 문제는 걷잡을 수 없이 커진다. 라라의 경우도 엄마가 같은 전략을 사용하는 사람이다 보니 딸을 그저 '상상력이 풍부한' 아이로만 생각할 뿐, 아이의 문제점을 인식하지 못했다. 그러나 자기애성 성격 장애 환자가 보이는 현실도피를 생산적인 상상력과 동일시하는 것은 치명적인 오류이다. 분명 참기 힘든 현실의 무게를 '덜어주는' 상상 능력은 재능이다. 하지만 라라의 경우, 그런 성향이 현실에서 점점 더 멀어지게 만드는 중독성 행동으로 발전했다.

딸을 야단치기는커녕 부추긴 엄마의 태도는 라라에게 치명적인 악영향을 미쳤다. 처음에는 아이도 자신의 기대가 비현실적이라는 사실을 희미하게나마 느꼈을 테지만 엄마

탓에 점점 더 현실감을 잃어갔고, 결국 자신이 대단한 사람이며 엄청난 성공을 거둘 수 있다고 굳게 믿어버렸다. 이런 식으로 상상이 현실의 자리를 대신하면 그 사람은 상상하던 원대한 꿈을 실제로도 이룰 수 있다고 확신하게 된다.

그 결과 악순환의 바퀴가 구르기 시작한다. 상상에 빠져들수록 현실을 외면할 것이고, 그만큼 현실을 이겨낼 능력이 떨어질 것이며, 실망을 견딜 저항력도 줄어들 것이다.

라라는 직장을 세 군데나 그만두었다. 조금만 힘든 일이 생겨도 잘난 척하며 사표를 던져버렸다. "나한테 이따위 일을 시켜? 내가 누군데 감히 이런 대접을 하는 거야!" 이런 상황 해석이 일시적으로는 고통스러운 인식을 막아주지만 결국은 사회적 실패를 낳을 수밖에 없다.

상상 세계로 도피하는 습관은 인간관계에도 악영향을 미친다. 이런 습관을 지닌 사람들은 라라처럼 친밀한 관계를 두려워한다. 사이가 가까워지면 자신의 실체가 밝혀질 테니 말이다. 또한 가까운 사람들이 현실을 직시하라고 종용할까 봐 겁이 난다. 라라의 친구가 라라에게 그랬듯이 "꿈 깨!"라는 소리를 들을까 봐 무섭다. 그런 말을 들었을 때 자기애성 성격 장애 환자가 보이는 반응은 라라와 비슷하다. 그들은 벌컥 화를 내고 크게 상처받거나 아예 관계를 끊어버린다.

현실적인 조언을 거부하는 그들의 이런 반응은 주변 사람을 무척 힘들게 한다. 라라의 친구처럼 주변 사람 역시 환자의 상황이 좋지 않고 환자가 그런 상황을 외면하기 위해 상상으로 도피한다는 사실을 충분히 알고 있다. 그런 도피 행위가 문제를 해결하기는커녕 악화시킬 뿐이라는 사실은 누가 봐도 너무나 뻔하다.

당연히 주변 사람들은 가만히 지켜보고 있을 수만은 없다. 실제로 그런 상황을 마주했다면 가만히 있지 말고 환자에게 그 전략이 얼마나 치명적인지 똑바로 지적해주어야 한다. 하지만 그런 식의 지적이 단번에 먹힐 것이라 기대해서는 안 된다. 환자를 생각해서 최대한 조심스럽게 걱정을 표현해도 상대는 크게 상처받을 수 있다. 자기애성 성격 장애 환자는 자신이 겪고 있는 불쾌한 현실을 누가 건드리기만 해도 심하게 상처받는다. 따라서 환자가 갑자기 연락을 차단할 수도 있고 불같이 화를 낼 수도 있다. 상처가 깊을

수록 반응도 격할 것이다.

갑자기 다툼이 일어나고 공격을 당하거나 기분 나쁜 욕설을 듣는다면 당신도 불쾌할 것이다. 자기애성 성격 장애 환자들은 사람을 폭발하게 만들 때가 한두 번이 아니다. 따라서 가족이든 친구든 한 번씩 화를 내게 되는데 그것은 지극히 당연한 반응이다. 그러니 당신이 참다 참다 폭발해 환자에게 심한 말을 했다 해도 자책하지 말아야 한다. 물론 그렇게 부딪혔다면 시간이 좀 지나고 나서 환자와 다시 이야기를 나눠보아야 한다. 말이 심했다면 사과할 수도 있을 것이다. 그러나 환자의 현실 왜곡이 사람을 폭발하게 만든다는 사실, 당신이 쏟아낸 심한 말은 걱정의 표현이었다는 사실은 꼭 밝히고 넘어가야 한다.

나아가 분노나 관계 단절을 나쁘게만 볼 것이 아니라는 사실을 명심할 필요가 있다. 당신은 환자와 매우 가까운 사람이기 때문에 당신의 솔직한 조언은 환자의 마음을 긍정적인 방향으로 흔들어 고민하게 만들 수 있다. 실제로 자기애성 성격 장애 환자를 상담하다 보면 가까운 사람의 충고를 듣고 크게 상처받았다는 말을 많이 듣는다. 하지만 환자는 대부분 시간이 조금 지난 뒤 그런 충고가 선의에서 나왔다는 사실을 느낀다고 털어놓는다.

자기애성 성격 장애 환자를 대하기 힘든 이유는 또 있다. 그들은 무슨 말만 하면 삐지고 상처를 받기 때문에 당신은 늘 혹시라도 말을 잘못해 환자가 마음을 다칠까 봐 전전긍긍할 것이다. 그러나 당신도 사람인지라 욱하는 순간이 있을 것이다. 참고 참았던 짜증과 분노가 자기도 모르게 확 터져버릴 때가 있다. 그러니 스스로의 마음 상태를 잘 살펴 화가 난 채로 충고를 늘어놓지 않도록 조심해야 한다.

당신이 현실을 알려주는 것은 환자에게 큰 도움이 된다. 적어도 당신은 환자에게 기회를 제공했다. 환자가 나르시시즘의 고치에서 빠져나와 현실로 돌아올 기회를 제공한 것이다. 환자가 당신의 충고를 받아들인다면 더 말할 나위 없이 좋겠지만 라라처럼 당신의 지적을 건설적으로 소화할 능력이 없을 수도 있다. 설사 그렇다 하더라도 어쨌든 당신은 환자에게 자극을 주었다. 나중에 시도라도 해볼 걸 하고 후회하고 자책하는 것보다는 그 편이 훨씬 낫지 않겠는가.

그러나 대화 한 번으로 자기애성 성격 장애 환자가 현

실로 돌아오리라 기대해서는 안 된다. 상상 속으로 도망치는 것은 살아남기 위한 그들 나름의 전략이다. 더구나 그 전략은 오랜 시간 동안 그들의 마음에 깊이 뿌리내리고 있었다. 앞에서도 말했듯 백일몽 역시 술이나 마약처럼 중독될 수 있다. 술이나 마약을 하루아침에 딱 끊을 수 없는 것처럼 백일몽 역시 단칼에 잘라버리기는 힘들다. 내적 균형을 회복할 수 있는 다른 전략을 찾기까지는 계속되는 시도와 후퇴가 불가피하다.

그들이 어느 날 정말로 자신의 처지를 깨닫게 된다면 단박에 와르르 무너질지도 모른다. 심한 경우 자살을 시도할 수도 있다. 따라서 그들에게 너무 가차 없이 현실을 들이미는 것은 바람직하지 않다. 그들에게는 상상 세계로의 도피가 말 그대로 생사가 달린 문제이기 때문이다.

라라 쾨스터가 그러했듯 고단한 현실을 외면하는 이들의 전략은 어릴 때부터 시작된다. 따라서 당신의 아이가 나르시시스트 성향을 보일 경우 조심스럽게 접근해야 하며 비판과 함께 긍정적인 방안도 제시해야 한다. 라라의 엄마처럼 현실 부정을 거들거나 부추겨서는 절대 안 된다. 성인이 된 후 라라가 말도 안 되는 계획을 들려주었을 때도 라라의 엄마는 전혀 비판하지 않았다. 이것 역시 절대 해서는 안 될 잘못된 행동이다.

그렇다면 '적절한' 상상과 '병리학적' 현실 부정은 어떻게 구분할까? 판단 기준은 두 가지다. 첫째, 아이 스스로 그것이 현실이 아니라 상상이라는 사실을 알고 있는지가 중요하다. 둘째, 상상이 중독의 성격을 띠고 아이가 자꾸만 현실에서 멀어지는 것 같다면 그대로 두어서는 안 된다. 이럴 땐 전문가의 도움을 받는 것이 좋다.

아이에게 상상이 위험할 수 있다는 이야기를 할 때는 줄타기를 하듯 조심해야 한다. 잘못하다가는 충돌이 일어나서 아이가 당신의 노력을 모욕이나 의심으로 받아들일 수 있다. 하지만 지나치게 조심해 현실을 아예 입에 올리지도 않는다면 아이는 자신의 상상과 비현실적인 세계관을 부모도 인정한다고 착각할 것이다.

더구나 부모인 당신은 당신 자신이 아이가 겪는 문제의 일부라는 사실을 잊어서는 안 된다. 아마 당신은 걱정이 앞선 나머지 아이가 어쩌다 저 지경이 됐을까 고민하고 또 고민할 것이다. 상황에 따라서는 죄책감을 느끼고 자책할지도 모른다. 당신이 잘못 키워서, 제때 개입하지 않아서 아이가 저렇게 된 건 아닌지 걱정일 것이다.

물론 당연한 반응이다. 실제로 부모는 행동과 교육 방식으로 아이의 발전에 지대한 영향을 미친다. 그렇지만 한 인간의 발달은 부모에 의해서만 좌우되는 것이 아니며, 나이를 먹을수록 본인의 책임이 크다는 사실을 잊지 말아야 한다.

우리 심리치료사도 유념할 점이 있다. 환자의 가족을 살펴 장애의 원인을 찾는 것도 중요하지만 거기서 멈춰서는 안 된다. 아이가 어른이 된 후에는 성장의 조건을 바꿀 기회가 사라지기 때문이다. 더구나 어릴 적 상황을 살펴보면 대부분 부모가 나쁜 뜻을 가지고 아이들에게 이런저런 행동을 했던 것은 아니다. 아이들에게 잘해주고 싶은 마음은 굴뚝같았지만 개인적인 여건이든, 부부 관계든, 경제적 상황이든 부모도 너무 힘들어서 그럴 수 없었던 것뿐이다.

물론 아이의 발달은 아이 혼자의 책임이라는 논리로 부모의 책임을 싹 없애주려는 것은 아니다. 부모도 당연히 자기 몫의 책임이 있다. 다만 모든 '책임'을 혼자 떠안는 것은 무의미하다는 말이다. 다시 한번 말하지만 자식도 나이가 들면 자기 인생을 스스로 책임져야 한다. 부모가 자식의 성장 발달에 미친 자신의 영향력을 스스로 성찰하고 성인이 된 아들딸에게 대화로 그 마음을 전하는 것은 지극히 당연하다. 하지만 스스로를 '죄인' 취급하는 것은 부모에게도 자식에게도 아무 도움이 안 된다.

또 한 가지, 앞의 사례에서는 주로 라라 어머니의 행동을 언급했다. 하지만 그것이 아버지의 영향력을 무시해도 된다는 뜻은 아니다. 안타깝게도 우리 사회는 아이에게 문제가 생기면 먼저 어머니에게 비난의 화살을 쏘아댄다. 여성 역시 그런 책임 전가를 자발적으로 인정하고 아이가 잘못되면 무조건 자기 책임이라고 자책한다.

이렇듯 일방적으로 어머니에게만 책임을 지우는 현상은 정신 질환의 탄생을 다룬 심리학 이론에서도 자주 발견할 수 있다. 너무 편파적이고 현실과도 맞지 않는 시각이다. 부모의 몫을 주장하려면 어머니와 아버지 모두의 행동을 고려해야 한다. 앞서 부모 개인이 갖는 부담에 관해 설명한 내용 역시 어머니와 아버지 모두에게 해당하는 말이다.

그러므로 딸이나 아들이 혹은 심리치료사가, 어머니인 당신 탓에 자식이 자기애성 성격 장애 환자가 되었다고 주장하거든 절대 곧이곧대로 믿어선 안 된다. 우리는 모두 자신의 행복을 스스로 벼리는 대장장이다. 당신의 자식 역시 성인이 되었다면 '스스로의 행복을 벼리는 대장장이'가 되어야 한다. 평생 '당신이 잘못 키워서' 이렇게 되었다며 부모를 원망할 수는 없다는 말이다.

그런데 나르시시스트들은 바로 그 '원망'의 달인이다. 걸핏하면 책임을 회피하고 가족에게 '죄'를 뒤집어씌운다. 그러므로 당신이 먼저 자신의 책임이라고 자발적으로 책임을 떠안아서는 안 된다. 물론 자신의 행동을 비판적으로 반성하지 말라는 뜻은 절대 아니다. 그러나 당신이 과하게 책임을 짊어지면 오히려 나르시시스트에게 책임 회피의 기회를 제공하는 꼴이 된다. 환자의 변화는 **스스로** 변하겠다는 각오가 있어야만 가능한 일이다.

게다가 죄책감은 나르시시스트와 건설적인 대화를 나누지 못하게 가로막는 최악의 조건이다. 안 그래도 나르시시스트는 타인을 깔아뭉개고 자신을 드높이기 위해서라면 어떤 논리든 가져다 대는 사람들이다. 그런데 당신이 먼저 알아서 죄책감을 입에 올린다? 과연 그가 당신과 건설적인 대화를 나누겠는가? 속으로 쾌재를 부르며 당신에게 모든 책임을 떠안길 것이다.

요점 정리

○ 자기애성 성격 장애 환자들은 상상 세계로 도피하여 개인의 실패와 실망을 보상받으려 한다.

○ 상상 세계가 한편으로는 방어 기능을 하지만 또 한편으로는 부정적인 영향을 미치기도 한다. 현실을 점점 더 외면하도록 만들기 때문이다.

○ 때로 현실도피는 중독의 성격을 띤다.

○ 상상 세계로의 도피가 되풀이되면 환자는 점점 더 회복탄력성을 잃어가고, 나중에는 소소한 일상의 문제마저 혼자서는 해결하지 못하는 상태에 이를 수 있다.

○ 인간관계에서도 문제를 겪는다. 환자는 고립되어 외톨이가 될 위험이 높다.

당신이 할 수 있는 일

☺ 가족, 친구, 직장 동료라면

— 현실을 직시하게 만들려는 당신의 노력에 환자가 상처받고 화를 낼 수도 있다. 하지만 환자의 반응에 당황하지 말고 넓은 마음으로 계속 노력하자. 도피가 유익한 전략이 아님을 쉬지 말고 알려야 한다.

☺ 부모라면

— 자식의 장애가 내 탓이라는 죄책감은 아무런 도움이 되지 않는다. 성인이라면 자기 인생은 자기가 책임져야 한다.

— 자식을 다시 현실로 데려오기 위해 노력해야 한다. 자식이 불쾌한 상황과 맞서도록 옆에서 적극 도와주어야 한다.

☺ 그 상황이 너무 힘들 경우엔 전문가에게 도움을 청해야 한다.

3장

타인의 칭찬에 의존하는 사람들

클라우스 마이어는 운송 회사 팀장이다. 학교 다닐 때는 우등생이었고 직업교육도 우수한 성적으로 마쳤으며 입사 후 있었던 여러 차례의 연수에서도 항상 좋은 성적을 받았다. 더구나 매우 근면 성실하기 때문에 나이에 비해 승진이 빨랐다. 지난번 개인 면담 시간에도 사장님은 칭찬을 아끼지 않았다.

"회사의 모든 임원이 입이 마르도록 자네 칭찬을 하더군. 그런데도 자네는 왜 그렇게 자신을 못 미더워하는지 모르겠어. 왜 자꾸 확인을 받으려고 하는지 말이야. 솔직히 말하면 어떨 땐 좀 짜증 나기도 해. 같은 질문을 두 번, 세 번, 자꾸 하니까. 자네가 일 잘하는 건 자네도 알잖나. 왜 자꾸 확인을 받으려고 해?"

사장님의 말은 직장은 물론이고 인생 전반에서 클라우스가 가장 중요하게 생각하는 문제를 지적한 것이었다. 그의 부모님은 어릴 적부터 아들에게 큰 기대를 걸었다. 아들이 학교 성적은 물론이고 행동 면에서도 '타의 모범'이 되기를 바랐다. 부모님 역시 엄격한 교육을 받고 자랐기 때문에 인생에서 가장 중요한 건 '최고'가 되는 것이라고 믿어 의심치 않았다.

부모님은 이런 신조를 아들에게 전해주려고 노력했다. 그래야 아들이 성공할 수 있다고 믿었기 때문이다. 클라우스는 머리가 좋아서 공부를 잘했다. 그렇지만 부모님은 만족을 몰랐다. 아무리 좋은 성적표를 들고 집에 와도 부모님은 한결같이 "조금만 더 노력하자"고 말씀하셨다.

이런 경험이 자꾸 되풀이되다 보니 클라우스 스스로 자신의 능력에 만족하지 못했고, 하는 일마다 정말 잘했는지 의구심이 들었다. 그래서 무슨 일이든 완벽하게 해내고 말리라는 야망에 불타는 한편 맡은 일을 제대로 해내지 못했다는 자괴감에 시달렸다.

학교에 다닐 때는 과한 욕심 탓에 선생님과 마찰을 겪기도 했다. 매사 선생님 입에서 잘했다는 말이 나올 때까지 묻고 또 물으며 확인을 해댔기 때문이다. 심지어 시험을 보는 중간에 시험지를 들고 앞으로 나가서 자신의 답이 맞는지 틀린지 물어보기도 했다.

물론 이 역시 잘하고 싶은 욕심이 과해서 생긴 에피소드 정도로 이해하고 넘어갈 수 있지만, 그는 그 정도에서 멈추지 않았다. 그는 상대의 입에서 잘했다는 말이 나올 때까지 질문을 계속했고 한 선생님의 표현처럼 칭찬을 탐욕적으로 '흡입'했다.

어른이 된 후에는 부모님이 더는 이래라저래라 간섭하지 않으셨지만 이젠 스스로 자신에게 과도한 기대를 걸었다. 그는 자신이 남들보다 능력이 뛰어나고 일 욕심이 많아서 어딜 가나 칭찬받는다는 사실을 잘 알았다. 하지만 마음 저 깊은 곳에선 늘 자신이 무능하고 실패했다는 자괴감에 괴로워했다. 남들이 보기엔 성공한 인생이었지만 그는 스스로 정말 '잘' 살고 있다고 확신하지 못했다. 그래서 강박적으로 주변 사람들에게 잘 살고 있다는 확인을 받아야 했다. 모두가 그에게 만족하는지, 모두 그의 능력을 인정하는지 묻고 또 물어 확인받으려 했다.

돌아온 대답이 긍정적이면 클라우스의 얼굴엔 화색이 돌았다. 더 기분이 좋을 땐 상사에게 칭찬받은 이야기를 꺼내며 마구 자기 자랑을 늘어놓았다. 하지만 확신의 유효기간은 오래가지 못했다. 그는 상대의 칭찬을 의심하거나("날 달래려고 그런 말을 했을 거야") '진짜' 칭찬이 아니라고 생각했다("마음에도 없으면서 듣기 좋으라고 한 소리일 거야"). 심지어 상대의 칭찬에 모욕감을 느낄 때도 많았다.

"이런 하찮은 일에 칭찬을 늘어놓다니 날 믿지 못하는 거야."

당연히 주변 사람들은 그의 행동이 과하다고 느꼈다. 한번은 그의 직속 상사가 사장님께 이런 하소연을 한 적도 있었다.

"대체 어쩌라는 건지 모르겠습니다. 자기가 하는 일은 무조건 칭찬해주기를 바라거든요. 그것만 해도 짜증 나는데 아무리 칭찬을 해도 만족을 못 합니다. 진심이 아니라는 거죠. 어떨 땐 저한테 칭찬을 듣고 엄청 기분이 상했다고 대놓고 말합니다. 자기를 못 믿어서 마음에도 없는 칭찬을 한다면서요. 지금껏 많은 부하 직원을 봤지만 저런 사람은 처음입니다. 정말 예의가 없다는 생각이 들어요."

학창 시절에도 그랬지만 직장에 다닐 때도 계속 인정과 칭찬을 받기 위해 아등바등하다 보니 클라우스에겐 친구가 없었다. 처음엔 동료들도 그의 능력과 노력을 인정했다. 하지만 밑 빠진 독에 물 붓기처럼 만족할 줄 모르는 그를 보며 하나둘 멀어져 갔다. 클라우스가 너무 집요하게 칭찬을 요구했고, 어떨 땐 그 요구가 강압적이라는 느낌마저 들었던 것이다.

클라우스가 대형 프로젝트를 성공적으로 마친 후에는 상황이 더 심각해졌다. 그는 장소를 불문하고 만나는 사람마다 붙들고 자신의 '성공'을 떠벌렸다. 이미 들은 이야기라고 지적해도 그는 아랑곳하지 않고 자신의 성공담을 침을 튀겨가며 떠들어댔다. 그리고 자화자찬이 끝나면 언제나 잠시 입을 다물고 상대가 칭찬해주기를 기다렸다.

처음에는 같이 좋아해주고 칭찬해주던 동료들도 서서히 지쳐서 짜증을 내기 시작했다. 한 동료는 클라우스의 자기자랑을 듣다 듣다 지쳐서 상사에게 이렇게 하소연했다.

"열 살짜리 어린애도 아니고 정말 못 참겠어요. 자랑도 한두 번이지 입만 열면 자기 자랑이에요. 아무리 봐도 정상이 아니에요. 물론 일은 잘하죠. 하지만 우리더러 온종일 자기 칭찬만 하라는 거잖아요. 게다가 아무리 칭찬을 해줘도 만족을 몰라요. 벌써 몇 년쨌지 모르겠어요. 회사 일은 자기 혼자 다 하는 것처럼 자랑을 해대다가 다음 날이면 또 언제 그랬냐는 듯 다 죽어가는 표정으로 와서 자기가 정말 잘했냐고 묻고 또 물어요."

직장에서만 그런 것이 아니었다. 친구들에게도 마찬가지였다. 한 친구가 그에게 이 문제를 지적하자 클라우스는 당황한 표정으로 입을 꾹 다물고 있다가 불쑥 이렇게 말했다.

"그래, 난 진즉부터 알고 있었어. 넌 날 몰라."

그러고는 의미심장한 미소를 지으며 덧붙였다.

"그래도 이런 말을 해주는 걸 보니 넌 진짜 친구가 맞구나. 알았어. 안심해. 이제부턴 너한테 그런 말 하지 않을게. 너같이 공감 능력이 떨어지는 사람한텐 아무래도 이런 깊이 있는 대화가 무리일 거야. 네 수준을 생각했어야 했는데, 미안. 깜빡 잊었어."

진짜 당황한 쪽은 친구였다. 마음 같아서는 속에 있는 말을 다 쏟아버리고 싶었지만 그럼 클라우스가 큰 상처를 받고, 언쟁이 벌어질지도 모른다는 생각에 입을 꾹 다물고 말았다. 그리고 클라우스가 정말로 그렇게 생각한다면 더는 그 문제를 입에 올리지 말자고 다짐했다.

"네가 그렇게 생각했다니 유감이야. 난 좋은 뜻으로 한 말이었어. 네가 자꾸 쓸데없는 분란을 일으키는 것 같아서. 하지만 그 문제는 더 이상 이야기하지 말자. 다만 좀 듣기 싫다고 해서 그렇게까지 기분 상할 것은 없지 않나 싶다. 나도 이제 좀 지치거든."

잘했을 때 주변 사람들에게 듬뿍 칭찬받고 싶은 마음은 누구나 마찬가지다. 열심히 노력해 결실을 이루었을 때면 누구나 그에 걸맞은 칭찬과 인정을 받고 싶다.

그러나 자기애성 성격 장애 환자들은 칭찬을 받고 싶다는 욕망이 과하다 못해 넘쳐난다는 것이 문제다. 주변 모든 사람이 열과 성을 다해 칭찬을 퍼부어야만 겨우 직성이 풀린다. 바라던 칭찬이 돌아오지 않을 땐 심한 모욕감을 느껴 분노하고 공격한다. 모든 사람이 자신에게 긍정적인 피드백을 주어야 한다고 생각하기 때문이다. 밀론[18]은 이런 유형의 자기애성 성격 장애 환자를 '엘리트형 나르시시스트'라고 부른다. 한마디로 사회적 성공을 갈망하고 사람들의 칭송에 중독된 사람이다.

클라우스 마이어 같은 사람이 주변에 있으면 정말로 힘들다. 지칠 줄 모르고 칭찬과 확인을 바라기 때문이기도 하지만 앞서 클라우스의 친구가 말했듯 너무나 쉽게 상처를 받기 때문이다. 이런 사람의 친구나 가족은 어떻게 해도 환자를 만족시킬 수 없다는 절망에 빠지기 쉽다. 자기애성 성격 장애 환자는 밑 빠진 독이다. 아무리 칭찬을 쏟아부어도 절대 만족하지 못한다.

거기서 그치지 않고 그들은 주변 사람에게 비난을 퍼붓는다. 자신을 진심으로 대하지 않는다고, 칭찬할 거리도 아닌데 일부러 칭찬을 늘어놓아 마음이 상했다고 화를 낸다. 칭찬이 부족하다고 화를 내놓고, 돌아서면 칭찬할 일이 아닌데도 거짓으로 칭찬한다고 야단이다. 클라우스의 사례에서 보았듯 그들은 주변 사람이 자신을 신뢰하지 않는다고 생각한다. 굳게 믿는다면 '당연한 일'을 칭찬할 이유가 없을 테니까 말이다. 그러니 어떻게 반응해도 돌아오는 것은 지청구뿐이다.

지청구가 지청구로 끝나지 않고 야유와 공격으로 치닫는 경우도 많다. 클라우스는 수준을 들먹이며 친구를 크게 모욕했다. 당신이 자기애성 성격 장애 환자의 친구나 가족이라면 그런 상황에서 화가 치밀어 오를 것이다. 클라우스의 친구와 달리 자제를 못 하고 대놓고 불쾌감을 표시할 수도 있다. 당연하다. 클라우스 같은 사람이 하는 말을 다 참고 들어줄 만큼 인내심과 이해심과 공감력이 뛰어난 사람이 과연 몇이나 되겠는가.

자기애성 성격 장애 환자를 대할 때는 그들이 당신의 비판적인 지적에 모욕적인 말로 응수하거나 벌컥 화를 낼수도 있다는 사실을 항상 계산에 넣어야 한다. 클라우스의 친구는 클라우스가 그렇게 반응할 줄 미처 예상치 못했다. 하지만 친구의 모욕적인 언사에도 얼른 흥분을 가라앉히고 매우 적절하게 대처했다. 즉 자신은 선의로 한 말이었지만 이런 상황에선 대화를 더 이어가고 싶지 않다는 뜻을 분명히 밝히고 클라우스의 모욕적인 말이 매우 유감이라고 확실히 전한 것이다.

당신이 어떻게 대처하건 너무 큰 기대는 금물이다. 어차피 자기애성 성격 장애 환자는 당신이 무슨 짓을 해도 결코 만족하지 않을 것이다. 그러므로 미리 각오하고 상대의 차가운 반응에도 마음 다치지 않으려 노력하는 것이 가장 중요하다.

클라우스의 이야기를 읽는 동안 당신은 아마 어쩌다 저 사람은 저렇게 되었을까 궁금했을 것이다. 자기애성 성격 장애 환자들에게서 발견되는 과도한 야망, 칭찬과 인정을 향한 욕망은 '깊은 불안'의 결과물이다. 클라우스가 입만 열면 자랑질을 해대듯 남들 앞에선 거만하게 행동하지만 사실 그들의 마음 저 깊은 곳에선 불안이 들끓고 있다. 그들은 자신의 능력과 성공을 의심하고, 무능과 실패를 두려워한다.

이런 사실은 일할 때 특히 잘 드러난다. 자기애성 성격 장애 환자들은 일 욕심이 많아서 몸을 사리지 않는 헌신과 노력으로 주변 사람들을 감동시킨다. 그 대가로 필요한 칭찬을 받으면 그들은 클라우스가 그랬듯 만면에 웃음을 머금고 더욱더 열정을 불태운다. 돈 한 푼 안 주어도 알아서 야근을 하고, 도움이 필요한 곳이면 어디든 달려가 손을 보탠다.

그러나 그들이 이타적인 사람이거나 자기 일을 너무

좋아해서 열심히 하는 것이 아니라는 사실은 기대하던 보상이 돌아오지 않는 순간 곧바로 밝혀진다. 분위기가 급변하면서 의욕을 잃고 발을 확 빼버리거나 갑자기 일손을 놓아버린다. 혹은 악랄하게 자신을 이용해 먹었다며 주변 사람에게 격렬한 비난을 퍼붓는다.

여기서도 알 수 있듯 자기애성 성격 장애 환자는 외부의 인정에 극도로 의존한다. 그들도 마음 깊은 곳에서는 이런 자신의 의존 상태를 감지하고 있기에 더더욱 독립을 주장한다. 하지만 근본적으로 이들은 칭찬과 인정에 목이 마른 사람들이기 때문에 이용당하기가 너무 쉽다. 칭찬만 해주면 뼈가 으스러질 때까지 헌신할 각오가 되어 있기 때문이다.

물론 자기애성 성격 장애 환자 역시 그런 종속 상태를 매우 고통스러워한다. 그래서 칭찬에 마음 약해지지 않으려고 무진 애를 쓴다. 칭찬만 들으면 무장해제 되고 마는 자신이 한심하기도 하거니와 그럴수록 더욱 자존감이 떨어지고 실패한 인생이라는 자아상을 재확인하게 되기 때문이다. 그들이 이처럼 남들의 칭찬에 사족을 못 쓰고 인정을 찾아다니는 까닭은 마음에서 쉼 없이 울려대는 자학의 목소리를 잠재우기 위함이다. 하지만 그런 절망적인 노력은 모두 다 헛수고다. 남들 보기엔 더없이 화려한 성공도 자존감을 갉아먹는 자괴감을 결코 없애주진 못한다.

환자의 가족, 친구, 상사인 당신은 아무리 칭찬하고 박수를 쳐도, 아무리 큰 성공을 거두어도 환자가 절대 자존감을 회복할 수 없다는 사실을 이미 알고 있다. 당신이 아무리 칭찬을 퍼부어도 환자는 그 칭찬을 진심으로 받아들이지 못할 것이다.

당신은 자신도 모르는 사이 이미 악순환의 강물에 발을 들이고 말았을지 모른다. 그래서 환자와 똑같이 감정의 롤러코스터를 타고 있을지도 모른다. 어떨 땐 칭찬을 퍼부어 환자의 자신감을 키워주어야 할 것 같다가도 어떨 땐 아무리 노력해도 환자에게 도움이 안 되는 자신이 쓸모없는 인간인 것 같아 괴로울 것이다. 그 결과 당신은 환자에게 이용당한 느낌이 들고 지칠 줄 모르는 요구에 진저리가 날 것이며, 심지어 탐욕스러운 행동이 무례하고 뻔뻔하다고 느낄 것이다.

이런 감정 탓에 당신 역시 문제를 겪을 수 있다. 환자가 얼마나 절망적으로 칭찬을 갈구하는지, 얼마나 당신의 판단에 의존하는지 당신은 누구보다 잘 안다. 그러기에 환자에게 공감을 선사해야 하고, 환자를 멸시하며 벌하지 말아야 한다. 하지만 지칠 줄 모르는 환자의 요구를 받아주다 보면 모든 게 지긋지긋해진다. 그리고 가족이나 친구에게 이런 부정적인 감정을 느끼는 자신이 너무 부끄럽다.

물론 비판적 성찰은 누구에게나 필요하고 정당한 일이지만, 당신의 경우에는 자신을 너무 비판하지 말아야 한다. 칭찬과 인정을 향한 환자의 탐욕적인 갈망은 실제로 착취의 형태를 띤다. 상대가 어떤 상황이건 아랑곳하지 않고 듣고 싶은 긍정적인 피드백은 반드시 들어야 직성이 풀리기 때문이다.

클라우스가 친구에게 그랬듯 당신에게도 언젠가 환자가 모욕을 주거나 공격할 수 있다. 그럼 당신은 너무 당황해 어떻게 해야 할지 모르고 허둥댈 것이다. 이럴 땐 마음을 터놓을 사람이나 옆에서 당신에게 조언을 해줄 전문가가 필요하다.

자기애성 성격 장애 환자는 모순되는 메시지를 던질 때가 많기 때문에 가족이나 친구는 어떤 것이 그의 진심인지를 몰라 힘들어한다. 칭찬을 해주어야 할까? 내가 무슨 말을 해도 내 말을 믿지 않겠지? 바라는 대로 칭찬을 해주었는데도 왜 기분이 나쁘다고 할까? 이렇게 자기애성 성격 장애 환자의 자괴감이 가족이나 친구인 당신에게로 전이된다. 그 결과 당신 역시 확신을 잃고 불안에 떨게 되며 무슨 짓을 해도 잘못이라는 생각에 사로잡힌다.

특히 자기애성 성격 장애를 앓는 어머니나 아버지와 함께 사는 아이들은 몹시 고달프다. 부모가 계속해서 모순되는 메시지를 던지고, 부당하게도 아이에게 책임을 전가하기 때문에 이런 아이들은 항상 불안에 시달리고 중증 정신 장애를 앓을 위험이 크다.

게다가 그런 부모는 '나르시시즘적 악용'이라 불리는 행동도 서슴지 않는다. 오직 부모 자신의 자존감을 유지하기 위해 아이에게 아이의 나이에 맞지 않는 역할을 강요하고 아이의 능력을 넘어서는 요구를 한다.

당신이 어린 시절 그런 상처를 겪었거나, 자기애성 성

격 장애 환자로 인해 마음이 불안하고 어찌해야 할지를 모르겠다면 혼자 해결하려 하지 말고 도움을 청해야 한다.

환자에게도, 깍듯하지만 확실하게 그의 행동이 얼마나 당신에게 상처가 되는지 밝혀야 한다. 클라우스의 친구가 그랬듯 당신이 환자의 행동을 지적할 경우, 두 가지 장점이 있다. 우선 환자에게 확실한 경계를 그어 당신 자신을 보호할 수 있다. 그리고 당신의 지적이 환자에게 고민의 기회를 제공한다. 잘될 경우 환자는 자신의 행동이 당신에게 큰 상처가 되고, 그로 인해 관계가 위태로울 수 있다는 사실을 인지할 것이다. 상황에 따라서는 환자와의 관계를 (잠시나마) 끊는 것도 좋은 방법이다. 환자에게 더욱 확실한 경고가 될 테니 말이다.

상황이 매우 부담스럽다는 느낌이 들거든 지체하지 말고 당장 외부에 도움을 청해야 한다. 전혀 관련이 없는 제삼자와 대화를 나누기만 해도 상황을 정리하는 데 큰 도움이 된다. 타인에게 상황을 설명하다 보면 절로 생각이 정리될 것이다. 혹은 상대를 만나기 전에 미리 어떤 말을 할지 고민하는 과정에서 상황이 명확히 정리될 수도 있다.

나아가 상대의 반응을 통해 당신이 느끼는 불안과 자괴감이 당신 자신의 문제가 아님을 깨달을 것이다. 불안의 원인은 당신과 갈등하는 그 사람에게 있다. 그 사실을 깨달으면 큰 짐을 벗은 듯 마음이 가벼워질 것이다. 지금껏 자기애성 성격 장애 환자는 당신에게 모든 책임이 있다고 주장해왔다. 그런데 제삼자와 대화를 나누다 보면 그게 사실이 아님을 깨닫게 될 것이다.

제삼자의 조언이 당신의 눈을 뜨게 하여 당신이 처한 현실을 제대로 보게 되기도 한다. 즉 당신은 지금 자기애성 성격 장애 환자가 기분 내키는 대로 마구 던지는 모순된 말의 그물에 걸려들었고, 환자는 그런 식으로 당신에게 책임을 떠안겨 당신을 자기 뜻대로 조종하려 한다. 환자가 그렇게 행동하는 건 결국 열등감과 자괴감을 보상하고자 하는 목적 때문이다.

거기서 그치지 않고 제삼자가 당신에게 전문적인 도움을 권할 수도 있다. 자기애성 성격 장애 환자는 상대의 약한 고리를 정확하게 감지하는 기가 막힌 센서가 있어서 주변 사람에게 매우 부정적인 영향을 미칠 수 있다. 클라우스가 친구에게 던진 모욕적인 말이나 친구를 불안에 빠뜨린 방식은 그들이 상대에게 어떻게 상처 줄 수 있는지를 잘 보여준다. 그러므로 주변에서 전문가에게 도움을 받으라고 권하거든 주저하지 말고 즉각 찾아가 보자. 가서 전문가와 상담하다 보면 어떻게 대처하는 것이 가장 바람직한지를 구체적으로 배울 수 있다.

나르시시즘 성향을 보이는 사람이 파트너라면 그를 설득해 부부 심리치료를 받아볼 수도 있다. 실제로 부부 심리치료는 갈등 당사자인 두 사람이 함께 해결책을 모색할 수 있다는 점에서 가장 좋은 방안이다. 그러나 상대가 자신의 책임을 인정하고 함께 해결 방안을 찾고자 노력하지 않는다면 큰 효과를 기대하기가 어렵다.

자기애성 성격 장애 환자의 주요 문제가 바로 갈등에 기여한 자신의 몫을 절대 인정하지 않는다는 것이다. 갈등이 생겼을 때 양쪽 모두에게 문제가 있다는 식의 말만 살짝 비쳐도 길길이 화를 내며 날뛴다. 자존감이 워낙 낮기 때문에 그런 식의 말에도 벌써 모욕을 느끼고 상처받는 것이다. 그래서 상대를 무시하는 발언을 하고 관계를 끊어버리거나 공격적인 행동을 취한다.

그럼에도 내 경험상 적어도 노력은 해볼 필요가 있다. 함께 심리치료를 받아보자고 상대에게 부탁하고 권유해보자. 당신과 정서적 유대 관계가 워낙 긴밀해서 혹시라도 관계에 문제가 생길까 봐 두려움을 느낀다면 아마 환자는 당신의 권유를 받아들일 것이다. 자기애성 성격 장애 환자는 애착 능력이 떨어지고 의지가 약한 경우가 많지만, 그래도 그들 역시 남들보다 더 가깝고 정서적 유대 관계가 긴밀하다고 느끼는 사람이 있기 마련이다.

환자가 이미 여러 번 자신의 행동 때문에 관계가 단절된 경험을 했을 때에도 치료 권유를 받아들일 확률이 높아진다. 비판적 자기 성찰의 두려움보다 관계의 단절로 인한 아픔이 더 클 것이기 때문이다. 치료에 매우 유리한 조건인 셈이다.

요점 정리

○ 자기애성 성격 장애 환자는 무슨 일을 하든 칭찬을 바라기 때문에 가족이나 친구의 입장에선 성가시고 짜증이 난다.

○ 그들이 강요에 가깝도록 칭찬과 인정을 바라는 것은 극도로 불안하고 자신감이 없기 때문이다.

○ 그러나 안타깝게도 칭찬을 향한 그들의 욕망은 '밑 빠진 독'이다. 아무리 주변 사람들이 칭찬을 퍼부어도 떨어진 그들의 자존감은 절대 회복되지 않는다.

○ 자기애성 성격 장애 환자들은 모순된 행동을 할 때가 많다. 칭찬을 바라고 기대하면서도 정작 상대가 칭찬을 해주면 그것이 진심이 아니라고 의심한다. 혹은 상대의 칭찬에 오히려 마음 상해한다. "얼마나 나를 못 믿으면 그런 별것 아닌 일에도 칭찬을 하는 거야."

○ 이런 변덕스러운 반응이 주변 사람들을 정말 힘들게 한다. 어떻게 해도 환자가 만족하지 않기 때문이다.

당신이 할 수 있는 일

☺ 당신이 적절한 말이나 행동을 했음에도 자기애성 성격 장애 환자가 공격적으로 반응할 수 있다는 사실을 유념하라.

☺ 당신의 청찬에 환자가 만족하지 못하는 것은 환자의 자존감이 낮기 때문이다. 하지만 그걸 알면서도 때로는 환자의 행동 때문에 짜증이 나고 화가 날 수 있다.

☺ 당연한 반응이다. 자책하지 마라.

☺ 깍듯하지만 확실하게 그의 행동이 얼마나 당신에게 상처가 되는지 알려야 한다. 환자가 화를 내거나 공격할 때는 자신을 먼저 보호하라. 상황에 따라서는 환자와의 관계를 (잠시나마) 단절하는 것도 좋은 방법이다.

☺ 주변 사람이나 전문가와 대화를 나누면 상황을 보다 객관적으로 판단할 수 있다.

☺ 자기애성 성격 장애 환자가 배우자일 경우 환자에게 부부 상담을 권할 수 있다. 상담을 통해 당신과 환자가 갈등에 어느 정도 기여하는지 파악할 수 있고, 환자가 개인적인 치료의 필요성을 깨달을 수도 있다. 또 그가 가진 가장 큰 문제인 낮은 자존감을 회복할 수도 있을 것이다.

4장

누구든 '목적을 위한 수단'일 뿐

20대 중반의 매력적인 여성 아네테 쾨스터는 로스쿨 졸업을 앞둔 법학도다. 졸업을 하고 변호사 자격시험에 합격만 하면 바로 유명 로펌에 들어갈 것이다. 시아버지가 로펌 대표이기 때문이다. 친구들은 뒤에서 이렇게 수군거렸다.

　　"로펌 대표 아들인 줄 알고 의도적으로 접근했다더라."

　　하지만 그녀 앞에서는 아무도 감히 그런 말을 하지 못했다. 그녀의 미움을 샀다간 무슨 일을 당할지 몰라 무서웠기 때문이다.

　　자신의 성공을 위해 남을 이용하는 그녀의 행동 패턴은 로스쿨에 다니는 내내 유명했다. 아네테는 의도적으로 득이 될 만한 사람만 골라 사귀었다. 그녀의 말마따나 "상류사회"로 진입할 발판으로 삼거나 직업적으로 도움이 되거나 그도 아니면 그녀의 우월감을 충족시켜줄 만큼 별 볼 일 없는 인간이거나, 어쨌든 자신에게 도움이 되는 사람만 골라서 곁에 두었다.

그녀가 워낙 매력적이고 지적이었기 때문에 이런 전략은 별 무리 없이 성공을 거두었다. 그리고 이런 일이 반복될수록 그녀는 더욱더 사람을 이용해도 좋다는 확신을 굳혀갔다.

아네테는 내세울 것 없는 집안의 외동딸이었다. 아버지는 물류 회사에 다니는 평사원이었고, 어머니는 가끔 가사도우미 일을 해서 반찬값 정도를 겨우 벌 정도였다. 그러나 딸은 부모와 달리 어릴 적부터 남들의 이목을 끌고 싶어 했다. 부모는 워낙 소극적이고 얌전한 사람들인지라 그런 딸이 곤욕스러운 한편 자신들이 꿈꾸던 모든 것을 이루어내는 모습이 자랑스럽기도 했다. 예쁘고 공부도 잘해서 좋은 직장에 들어갔고 마침내 '상류사회'로 진입한 대단한 인물이었으니 말이다.

사람을 이용하는 아네테의 성향은 남편과의 관계에서

특히 두드러졌다. 그녀의 남편은 유명한 로펌 대표의 아들이었는데 아네테보다 먼저 법학 공부를 마치고 아버지 로펌에 들어갔다. 아네테와 남편은 법조인 파티에서 만났다. 아네테를 그 모임에 데려간 사람은 로스쿨 남자 동기였다. 그 동기의 아버지가 법조인협회 회원이라는 사실을 알고 아네테가 그에게 접근해 데려가 달라고 부탁했던 것이다. 이 남자 동기는 아네테가 자신에게 관심이 있는 줄 알고 흔쾌히 부탁을 들어주었다. 하지만 사실 그녀는 법조인 파티 티켓을 구할 방법을 찾아 여기저기 수소문한 끝에 의도적으로 접근한 것이었을 뿐 그 동기한테는 전혀 관심이 없었다.

당연히 남자 동기는 크게 실망했다. 파티장에 도착한 직후부터 아네테가 다른 남자들을 기웃댔고, 서슴없이 그들과 시시덕거렸기 때문이었다.

그렇다고 한 남자를 정해 그 사람에게만 대시한 것도 아니었다. 그녀는 자신에게 관심을 보이고, 영향력도 있어 보이는 여러 남성에게 자신의 매력을 한껏 발산해 그 남성들이 모두 그녀가 자신에게 호감을 갖고 있다고 착각하도록 만들었다. 파티가 끝날 무렵 세 명의 남성이 그녀에게 전화번호를 받았다. 세 사람 모두 그녀가 자신에게 반했다고 믿었지만 사실 그녀는 누구에게도 관심이 없었다. 그저 세 명의 남성을 낚은 자신이 자랑스러웠을 뿐이다. 파티가 끝나기 직전 그녀는 다시 자신을 데려온 남자 동기에게로 돌아갔다. 기분을 망친 표정으로 뚱해 있던 그의 마음을 달래 자기 곁에 두기 위해서였다. '다음번에 또 써먹을 데가 있을 거야.' 그녀는 그렇게 생각했다.

이튿날 아네테는 인터넷에 들어가 전화번호를 교환한 남성 세 명에 관해 조사했다. 모두가 그녀보다 10년쯤 연상이었고 사회적 지위도 높았다. 한 사람은 판사였고, 또 한 사람은 검사였으며, 나머지 한 사람 안드레아스 쾨스터는 아버지의 로펌에서 일하는 변호사였다. 아네테는 결정을 내렸다.

"그래, 이 남자야. 이 남자를 갖고 말 거야."

그러나 그녀는 예상과 달리 바로 연락을 취하지 않고 뜸을 들였다. 안드레아스 역시 아네테에게 매력을 느꼈던 터라 며칠 후 먼저 연락을 해와 그 도시에서 제일 비싼 레스토랑에서 만나자고 말했다. 바로 승낙하면 쉬운 여자처럼 보일지도 모르므로 그녀는 일단 선약이 있다며 그의 데이트 신청을 거절했다. 그리고 그가 다시 한번 전화를 걸어 데이트를 신청했을 때에야 겨우 승낙했다.

두 사람의 관계는 급속도로 가까워졌다. 아네테는 불과 6개월 후 안드레아스에게 청혼을 받았다. 안드레아스의 부모님은 아직 만난 지 얼마 안 되었으니 결혼 이야기를 꺼내는 건 시기상조라고 말렸지만 안드레아스는 듣지 않았다. 아네테 역시 안드레아스의 부모님과 같은 이유를 대며 청혼을 받아들이지 않았다. 아직 조금 더 서로에 관해 알아갈 시간이 필요하다고 말했다. 물론 이는 다 계산된 행동이었다. 그녀가 청혼을 거절하자 안드레아스는 더 마음이 달아올랐다. 그래서 더욱 결혼에 목을 매고, 아네테가 혹시 자신을 떠날까봐 마음을 졸였다.

3개월 후에 열린 결혼식은 그 지역에서 단연 올해의 결혼식으로 손꼽힐 만큼 대단한 행사가 되었다. 당연히 아네테의 시부모님이 엄청나게 많은 돈을 투자했다. 모든 것이 최고에 최고급이었다. 사실 아네테에겐 그게 가장 중요했다. 웨딩드레스는 세계적으로 이름난 디자이너가 만들었고, 피로연은 미슐랭 별 세 개를 받은 레스토랑에서 열렸다. 음악을 연주해준 악단도 1급 연주자들로만 구성되었다. 모두가 입을 모아 감탄하고 부러워할 결혼식, 그것이 아네테의 목표였다.

아네테의 부모님은 경제적으로 지원을 해줄 수도 없었거니와 그런 화려한 결혼식이 불편하기 그지없었다. 대단한 집안으로 시집가는 딸이 대견하기는 했지만 아버지의 말대로 "너무 버거운" 일이었다. 어머니는 한숨을 쉬며 말했다.

"그저 아네테가 행복했으면 좋겠어요. 애가 바라던 것을 다 이루었는데 왠지 느낌이 좋지 않아요. 남편한테 통 정이 없어 보이거든요. 안드레아스가 너무 착해 보여요. 엄마로서 할 말은 아니지만 아네테가 남편한테 나쁜 짓만 하지 않았으면 좋겠어요. 애가 너무 차갑고 계산적이어서 자기 이익만 생각해요."

실제로 아네테는 남편에게 사랑이나 정을 전혀 느끼지 않았다. 대단한 집안의 며느리가 되었고 이제 로스쿨을 졸업하면 바로 시아버지의 로펌에 들어갈 자신이 자랑스러울 뿐이었다. 그렇다고 해서 시부모나 남편에게 감사해하는 것도 아니었다. 그 모든 것은 그저 자신이 노력해 일군 성과라고 생각했다.

심지어 가끔은 몰래 남편을 경멸할 때도 있었다. 그를 너무나 쉽게 손아귀에 넣었다는 생각이 들 때면 남편이 한심하고 바보 같아 보였다. 그런 생각은 마약과도 같은 권력욕을 부추겼고, 원하는 건 무엇이든 이룰 수 있다는 평소의 확신을 더욱 강화했다. 엉킨 실타래의 끝만 잘 찾으면 된다. 그럼 상대가 원하든 원하지 않든 상대에게서 모든 것을 끌어낼 수 있다. 그 무엇도 나를 멈춰 세울 수 없다! 그녀는 웃으며 이렇게 생각했다.

아네테 쾨스터가 인간관계를 맺는 이런 방식 역시 자기애성 성격 장애 환자의 특징이다. 밀론[19]은 이런 유형의 자기애성 성격 장애 환자를 **'무절제형 나르시시스트'** 라고 부른다(1장을 참조할 것). 안타깝게도 주변 사람은, 심지어 가족까지도 그들이 타인의 마음에 공감하지 못하고 가족이나 친구를 오직 '목적을 위한 수단'으로 생각한다는 사실을 전혀 눈치채지 못하는 경우가 많다. 전문가들은 이런 방식의 관계를 두고 '기능화된 인간관계'라고 부른다. 다시 말해 나르시시스트는 주변 사람을 나름의 감정과 소망을 가진 독자적 개체로 인지하지 않고 자신을 위해 특정한 기능을 수행해야 하는 인간이라고만 생각한다. 그 사람들이 그가 원하는 대로 하지 않거나 다른 이유에서 실망을 안길 경우 그는 곧바로 관계를 단절하고 뒤도 돌아보지 않고 떠나버린다.

그러기에 이런 유형의 나르시시스트는 아네테의 어머니가 말했듯 냉정하고 인정머리 없다는 인상을 풍기기 쉽다. 그들이 맺는 인간관계는 감정에 바탕을 두지 않고 오직 자신의 이익만 염두에 둔 합리적인 계산의 결과이기 때문이다. 아네테 같은 사람들이 "필요하다면 시체도 밟고 넘을 냉혹하고 교활한 인간"이라는 평을 자주 듣는 이유도 바로 그것이다.

남편을 대하는 아네테의 태도가 그러하듯 그들의 인간관계에는 매우 치밀한 계산이 깔려 있다. 그들은 심지어 배우자에게도 전혀 사랑과 호감을 느끼지 않는다. 고대 나르키소스 신화에서 나르키소스가 타인의 사랑에 응답하지 못하고 오직 자신만 생각하는 것과 다르지 않다. 하지만 이런 도덕적 판단에 머무른다면 우리는 결코 아네테 같은 사람을 올바로 이해할 수 없을 것이다.

아네테의 가정환경을 보면서 왜 그녀가 그렇듯 열등감에 시달리는지 의아할 독자도 있을 것이다. 하지만 자기 자식이 아네테처럼 뛰어난 재능을 가지고 있다면 부모는 몰래 숨겨온 사회적 성공을 향한 욕망을 자식에게 투영할 것이고, 그렇게 되면 자식은 부모의 못다 이룬 꿈을 이루어야 한다는 사명감을 가질 것이다. 아네테의 부모 역시 성공한 딸을 자랑스러워하고 칭송했다.

평범한 가정환경에서 자란 아이라도 무조건적인 사랑과 인정을 받지 못했을 수 있다. 부모가 칭찬에 인색하고 은연중 아이에게 성공을 바랐을 수 있는 것이다.

어쨌든 계산적이고 차가워 보이는 이들의 행동 뒤편엔 고통스러운 열등감과 무가치한 인간이라는 자괴감이 숨어 있다. 주변의 인정을 받기 위해서라면 비인간적인 행동도 불사하는 이들의 몸부림, 언제 어디서나 중심에 서려는 중독에 가까운 욕망, 무자비할 정도의 착취는 자괴감과 열등감을 잊고 싶은 절망에 가까운 노력에 불과하다.

나르시시스트들은 자기 뜻대로 조종할 수 있는 사람을 나약하다고 멸시한다. 상대를 깔보고 무시하면 자신의 권력과 힘을 느낄 수 있고, 그를 통해 자의식을 키울 수 있다. 나르시시스트들은 그것이 무엇이 됐든 자존감을 북돋는 기회로 삼는다. 감사의 마음은 그들과는 거리가 먼 감정이다. 나르시시스트는 자신의 목적을 위해 타인을 이용하고 그들에게서 자신이 원하는 바를 끌어내지만 감사는커녕 그들을 멸시하고, 그런 행동을 통해 다시 한번 자신이 대단한 인간이라고 자부한다.

그들이 이렇듯 권력을 휘두르고 과시하는 이유는 결국 자괴감과 무력감을 이기기 위함이다. 이 사실이 가장 중요하다. 따라서 그들은 미와 부, 사회적 인정과 성공, 타인의 존경을 엄청나게 중시한다. 하지만 아무짝에도 쓸모없는 인간이라는 생각이 떠나지 않고 꼬리표처럼 따라다니기 때문에 결코 안도하지 못하고 계속해서 타인의 칭찬과 인정을 갈구한다.

아네테를 소개할 때도 설명했지만 나르시시스트는 무엇이든 최고여야 한다. 아네테는 '올해의 결혼식'을 원했다. 웨딩드레스는 세계적으로 유명한 디자이너의 작품이었고 피로연은 미슐랭 별 세 개를 받은 최고급 식당에서 열렸다. 음악을 연주하는 악사들도 1급으로만 뽑았다. 근본적으로 이들은 구매품의 품질을 따지지 않는다. 물질적 가치를 주변 사람에게 과시하고 그들의 감탄을 끌어내는 것이 품질보다 훨씬 중요하다.

실제로 휘황찬란한 겉모습이 한동안은 무가치하다는 기분을 잊게 해줄 수 있지만 고통스러운 무력감을 완전히 해결해주진 않는다. 그래서 그들의 요구는 점점 더 커지고, 자기 연출은 점점 더 과시적이 된다. 그래봤자 부족한 자존 감을 간신히 덮을 수 있을 뿐이다.

고통스러운 열등감을 외면하기 위해 자기애성 성격 장애 환자들이 자주 써먹는 또 하나의 전략은 유명인을 가까이하는 것이다. 아네테가 그러했듯 유명인의 햇살 아래에서 해바라기를 하려는 것이다. 유명인 곁에서 쓸모없는 인간이라는 부정적인 자아상을 잊으려 한다.

당신의 남편이나 아내가 이런 자기애성 성격 장애 환자라면 정말로 힘들고 고단할 것이다. 아네테의 부모가 그랬듯 그들의 투철한 목표 의식과 야망에는 절로 감탄이 나오지만, 한편으로는 자기밖에 모르고 인정머리라고는 없는 '차갑고' 계산적인 그들의 모습을 자꾸 확인하게 될 것이기 때문이다.

그러다 보면 당신도 절로 자신은 그저 '목적을 위한 수단'에 불과한 것이 아닌가, 어느 날 필요가 없어지면 가차없이 버림받지 않을까 하는 걱정이 들 것이다. 그런 생각을 했다는 사실에 스스로 깜짝 놀라며 가족이나 친구를 그런 식으로 생각한 자신이 부끄럽고 죄스러울지도 모른다. 하지만 자기애성 성격 장애 환자와 관계를 맺고 있다면 환자가 언제라도 당신을 버릴 수 있다는 사실을 항상 유념해야 한다. 머릿속으로나마 그럴 가능성을 늘 염두에 두고 있다면 어느 날 문득 환자가 당신과 관계를 끊어버린다 해도 크게 상처받지 않고 잘 대처할 수 있을 것이다.

아네테가 법조인 파티에 가기 위해 의도적으로 로스쿨 동기에게 접근하고 그곳에서 여러 남자와 시시덕거린 것도 나르시시스트의 전형적인 행동 방식이다. 행사가 끝날 무렵 그녀를 파티에 데려온 동기에게 다시 돌아간 것 역시 나르시시스트다운 행동이다. 친구를 혼자 버려두고 딴 남자들과 시시덕거린 것이 잘못된 행동이었다고 각성했기 때문이 아니다. 친구에게 미안하거나 죄책감을 느껴서도 아니다. 그녀가 친구에게 돌아간 것은 지극히 이기적인 이유에서였다. 친구가 유명 법조인의 아들이니만큼 언젠가 또 써먹을 일이 있을 것 같았기 때문이다.

파티에서 만난 법조인 세 명의 신상을 인터넷에서 검색해본 이유도 오직 하나, '최고'의 남자, 다시 말해 가장 대단한 집안의 아들을 고르기 위해서였다. 안드레아스가 아네테에게 데이트를 신청했을 때도 그녀의 반응은 지극히 계산적이었다. 바로 승낙하면 쉬운 여자처럼 보일 수 있으므로 선약이 있다는 말로 무관심을 가장했던 것이다.

부모가 나르시시스트인 경우 자녀들은 특히나 어려운 상황에 처한다. 아네테에게 아이가 있다고 상상해보라. 그녀는 자식도 주변의 성인들과 다름없이 대할 것이다. 즉 자식 역시 자신의 목적을 이루기 위한 '수단'에 불과하다. 그러니 아이에게 항상 최고가 되라고, 어디에서건 제일 두드러지고 제일 폼 나는 인간이 되라고 요구할 것이다. 그래야만 아이는 엄마의 사랑을 받을 수가 있다. 엄마의 기대에 부응하지 못할 경우 거부와 멸시가 돌아올 것이다.

자기애성 성격 장애 환자는 언제 어디서나 1등이 되고 싶어 한다. 따라서 그들이 부모가 되면 그 가정에서는 특이

한 현상이 목격된다. 나르시시스트 부모는 자신의 자존감을 드높이기 위해 자식에게 갖가지 요구를 해댄다. 그러나 정작 자식이 요구를 척척 이뤄내면 자식을 경쟁자로 느껴 지속적으로 아이의 가치를 깎아내린다.

나르시시스트는 머릿속에 오직 권력과 능력을 과시해 떨어진 자존감을 끌어올려야겠다는 생각밖에 없기 때문에 자식에게도 다른 어른에게 하듯 차갑고 무정하게 대할 때가 많다.

"계산적이다", "이기적이다", "냉정하다" 같은 말들은 도덕적인 개념이다. 어쩌면 당신도 나르시시스트인 가족이나 친구를 보면서 그런 생각을 했을 것이다. 물론 자기애성 성격 장애 환자에게 도덕적 잣대를 들이대는 것은 옳은 일이 아니다. 하지만 내가 보기엔 그런 생각이나 느낌을 억지로 억누를 필요는 없다.

앞에서도 말했듯 당신이 그런 생각을 하는 것은 당연하다. 억지로 고개를 저으며 부인하거나 아픈 현실을 미화하려 애쓰는 것은 무의미한 짓이다. 그것은 자기애성 성격 장애 환자처럼 현실을 외면하려는 노력에 불과하다. 잊지 마라. 당신이 현실을 제대로 파악해야 환자와의 관계를 유익하게 이끌어갈 수 있다.

그렇다면 자기애성 성격 장애 환자와 더불어 사는 사람은 어떻게 해야 할까? 지금 당신은 아마 이런 의문이 들 것이다. 특히 환자가 당신마저 '목적을 위한 수단'으로밖에 생각하지 않는다는 느낌이 들 때면 절망이 밀려오면서 어찌해야 하나 고민스러울 것이다. 이 경우에도 만병통치약은 없다. 가령 당신과 환자의 관계가 어떠한가에 따라 당신의 행동이 달라져야 한다. 환자가 아들인가, 딸인가 아니면 친구인가? 환자와 어느 정도 가까운 사이인가? 당신이 정서적으로나 물질적으로 환자에게 어느 정도 의존하고 있는가? 당신은 스스로를 강인한 사람이라고 생각하는가? 당신은 환자에게 대응할 능력이 있는가? 또 하나 빠질 수 없는 질문이 있다. 환자의 자기애성 성격 장애가 어느 정도 수준이며 자신의 장애를 어느 정도 인식하고 있는가?

당신이 환자와의 관계 패턴을 바꾸고 싶다거나, 더 나아가 아예 관계를 단절하기로 결심했다면 그 어느 때보다 이런 다양한 조건을 고민할 필요가 있다. 결심을 실천하는 과정에서 극도의 스트레스에 시달릴 수 있기 때문이다. 보통 환자는 수단과 방법을 가리지 않고 당신의 노력을 방해할 것이다. 그 이유는 아직 당신이 필요해 당신을 잃고 싶지 않아서이고, 누군가가 자신의 손아귀에서 빠져나가려 한다는 사실 자체가 엄청난 모욕으로 다가오기 때문이다. 그러므로 당신이 군말 없이 환자의 말에 복종하지 않고 자신의 권리를 주장할 땐 항상 환자가 격하게 저항할 수 있음을 예상해야 한다.

그럼에도 개인적인 차이를 넘어서 일반적으로 자기애성 성격 장애 환자를 대할 때 도움이 되는 몇 가지 행동 전략이 있다. 첫째, 환자를 최대한 현실적으로 인식하려고 노력해야 한다. 화려한 겉모습 뒤에 숨은 환자의 진정한 고통을 바라보는 것이 마음 아프겠지만 당신을 조종하려는 환자의 의도에 굴복하는 것은 환자에게도 도움이 안 된다. 당신이 아무리 입에 침이 마르도록 환자를 칭찬하고 인정해 줘도 환자의 행동은 절대 달라지지 않는다.

당신은 결코 환자의 마음 저 깊은 곳에 숨어 있는 부정적인 자아상을 바꿀 수 없다. 당신만 잘하면, 당신이 환자에게 잘 맞춰주면 그의 열등감이 사라질 것이라는 헛된 희망을 버려라. 당신이 맞춰줄수록 그는 조종의 반경을 넓힐 것이고 아네테가 그러했듯 결국엔 당신의 '나약함'을 비웃을 것이다.

둘째, 가능하다면, 당신의 힘이 닿는 곳이라면 언제 어디서건 환자에게 확실한 경계선을 그어라. 그래야 과도한 부담과 실망을 미연에 방지할 수 있다. 권력과 인정을 향한 환자의 갈망은 끝을 모르기 때문에 당신이 아무리 노력한다 해도, 심지어 영혼을 갈아 바친다 해도 그는 절대 만족하지 못한다.

3장에서도 설명했듯 자기애성 성격 장애 환자는 밑 빠진 독과 같다. 아무리 주변에서 사랑을 주어도 그것을 사랑으로 생각하지 않고, 무엇보다 그 사랑을 오래 간직하지 못한다. 당신이 주는 인정과 칭찬이 잠시 그에게 약간의 만족감을 줄 수는 있지만 얼마 못 가 고통스러운 자괴감과 무력감이 돌아올 것이고 환자는 다시 기존의 방식대로 당신에게 권력을 휘두를 것이다.

자기애성 성격 장애 환자에게 맞서기란 결코 말처럼

쉬운 일이 아니다. 그중엔 매력이 넘치는 사람이 적지 않기 때문이다. 그래서 주변 사람들은 환자의 매력에 푹 빠지고, 자신은 환자와 신뢰를 주고받는 깊은 관계를 맺고 있다고 착각한다. 환자의 정체를 간파하고 자신은 그저 도구에 불과했다는 사실을 깨닫기까지 시간이 아주 많이 걸리는 까닭이 여기에 있다.

당신 역시 환자의 속마음을 간파하고 나면 아마 크게 마음을 다칠 수 있다. 지금껏 환자의 일이라면 내 일처럼 나섰고, 힘닿는 곳이면 어디서나 환자를 도왔고, 그 수많은 '변덕'을 용서했고, 거듭 그에게 기회를 주었다. 그런데 이제 와 사소한 일로 기분이 상했다며, 당신이 자기 기대에 부응하지 못했다며 그가 당신을 '냉정하게' 외면한다.

아마 환자의 가족이나 친구는 대부분 이런 쓰디쓴 경험을 되풀이할 것이다. 환자가 오랜 세월 지성과 매력으로 당신의 마음을 사로잡았다 해도 언젠가는 깨달음의 순간이 찾아온다. 그의 관심은 당신이 아니라 당신을 이용해 이룰 수 있는 목적이었다는 사실을 깨닫는 순간이…….

사실 되돌아보면 이미 오래전부터 낌새를 느꼈을 테지

만, 당신은 고개를 저으며 외면했을 것이다.

"저렇게 다정하고 예의 바른 사람이, 입만 열면 세상에 믿을 사람은 나뿐이라고 다짐하고 또 다짐하는데……."

환자의 가족이나 친구가 하는 전형적인 말이다. 당신 역시 환자의 계산적인 행동을 느껴왔음에도 오랜 시간 인정하지 않으려 애썼을 것이다. 충분히 이해할 수 있는 반응이다. 그렇게 '매력적인' 사람이, 그렇게나 당신이 아끼던 사람이 자기밖에 모르는 계산적인 인간이었다는 사실을 인정하기가 너무 고통스러울 것이다.

이런 작동 원리를 최대한 빨리 알아차리려면 자신의 감정을 세심하게 살필 필요가 있다. 자기애성 성격 장애 환자의 배우자 중에는 사실은 만나자마자 희미하지만 뭔가 '찜찜한' 기분이 들었다고 고백하는 사람이 많다. 넘치는 매력을 뚫고 순간순간 차가운 냉기가 훅 끼쳐와 섬뜩했던 때가 많았지만 그런 자신의 직감을 부정하고 외면하려 애썼다고 말이다.

그러니 절로 의문이 든다. 어쩌다가 자기애성 성격 장애 환자와 관계를 맺게 되었을까? 그런 사람은 되도록 피하는 것이 상책이지 않을까?

　자식이 자기애성 성격 장애 환자라면 부모는 어쩔 수 없이 환자와 함께 살아야 한다. 환자가 상사나 부하 직원이라 해도 원천 봉쇄는 불가능하다.

　환자의 파트너도 마찬가지다. 환자는 너무나 매력적인 데다 주변 사람들의 욕구를 기가 막히게 간파해 정확히 그 욕구에 부응할 줄 안다. 아네테의 친구들이 그랬듯 환자의 진짜 모습을 깨닫는 것은 한참 후이고, 깨닫고 나서도 그 사실을 인정하기까지 또다시 많은 시간이 걸린다.

　이렇듯 환자의 파트너가 자신의 깨달음을 인정하지 않으려 발버둥 치는 이유는 불안 때문이다. 자신이 저항할 경우 환자가 관계를 끊어버릴지도 모른다는 불안이 있는 것이다. 사실 전혀 비현실적인, 말도 안 되는 불안은 아니다. 환자의 정체를 깨달은 파트너는 더 이상 환자가 바라는 기능을 수행하지 않을 것이고 그럼 그 파트너는 쓸모가 없어질 것이기 때문이다. 환자의 파트너가 자기 자신을 속이는 또 한 가지 이유는 환자에게 경계를 그을 경우 돌아올 공격이 걱정되기 때문이다. 이 역시 전혀 근거 없는 걱정은 아니다. 5장에서 설명할 테지만 자기애성 성격 장애 환자는 모욕감이나 압박감을 느낄 경우 공격적이거나 격한 분노 반응을 보인다.

환자에게 진정으로 사랑받고 있다고 믿었는데 이제 와 보니 자신은 '목적을 위한 수단'에 불과했다. 그 사실을 인정하기가 무척 고통스럽고 난감하다. 아마 당신은 안드레 아스의 처지에 절로 공감할 것이다. 아네테가 그를 단 한 번도 사랑한 적이 없고 오직 계산에 따라 그와 결혼했다는 사실을 알게 되면 그가 겪을 충격과 수치심은 이루 말할 수 없을 것이다.

이런 사정을 감안한다면 현실을 직시하지 않으려는 당신의 노력 역시 충분히 이해가 된다. 당신도 환자가 당신을 한 사람의 인간이 아니라 도구로만 생각했다는 사실을 인정하고 싶지 않을 것이다.

하지만 그럴수록 더욱 감정의 소리에 귀 기울여야 한다. 감정이 당신에게 경고를 보낼 경우, 환자가 건넨 그 모든 사랑의 맹세가 거짓이라는 의심이 솟구칠 경우, 그 마음의 소리를 귀 기울여 들어야 한다. 뭔지 모르지만 자꾸 이용당하는 것 같은 기분이 들 때도 아니라고 급하게 고개를 저을 것이 아니라 자신과 환자를 더 꼼꼼히 관찰해야 한다. 작지만, 이런 작은 신호가 당신을 지키는 중요한 길잡이가 될 수 있다.

당신에게는 환자에게 터놓고 문제를 지적할 용기도 필요하다. 실제로 환자와 맞서려면 용기가 있어야 한다. 자기애성 성격 장애 환자와 대화할 때 그들은 대부분 비난의 화살을 상대에게 돌린다. 당신이 부당하게 자신을 의심하는 바람에 도리어 자신이 큰 상처를 받았다고 화를 낼 것이다. 환자가 워낙 당당하고 자신 있게 항의하기 때문에 자칫하면 속아 넘어가기 쉽다. 당당한 환자의 태도를 보면서 당신은 자신의 판단을 의심하게 될 것이고 심지어 부당하게 환자를 비난했다고 자책하게 될지도 모른다.

환자가 벌컥 화를 내거나 공격적인 반응을 보일까 봐 걱정되어 문제를 지적하지 않을 수도 있다. 5장과 12장에서도 살펴보겠지만 자기애성 성격 장애 환자의 분노는 '차갑다'는 특징이 있다. 그것이 가족이나 친구에게는 또 한 번 상처가 된다.

그럼에도 이 관계가 가진 파괴적인 성격을 깨달았을 땐 충돌을 감수하고서라도 용기 내어 문제점을 지적해야 한다. 환자와 단둘이 대화하기가 너무 부담스럽다면 가까운 제삼자에게 함께 있어 달라고 도움을 청하는 것도 좋다. 누군가가 함께 자리를 지켜주기만 해도 훨씬 든든하고 마음 편할 것이다.

하지만 자기애성 성격 장애 환자는 쉽게 감정이 상할 수 있다는 점을 잊지 말아야 한다. 제삼자가 같이 있으면 환자는 수치심을 느끼고 그로 인해 부정적인 자아상과 무력감이 더해질 것이다. 당연히 공격성도 더 심해질 수 있다. 따라서 지원이 어느 정도 필요한지, 제삼자가 얼마나 환자를 자극할지 고심해야 한다. 당신과 환자가 둘 다 친한 사람으로 골라서 환자의 저항감을 낮추는 것도 한 가지 방법이다.

환자와의 관계로 인해 당신이 피해를 입을 것 같거나 혼자서는 도저히 그 관계에서 벗어날 수 없겠다고 판단되거든 즉각 전문가에게 도움을 청해야 한다. 전문가에게 심리 상담이나 심리치료를 받으며 조언을 구하고 대응 전략을 모색할 수 있다. 환자와의 관계에서 당신이 담당하고 있는 역할을 제대로 파악하며, 왜 진즉에 현실을 깨닫지 못했는지, 왜 여태 이런 관계에 빠져 있었는지 그 이유를 찾을 수도 있을 것이다. 맥락을 파악해야 앞으로 혹은 다른 관계에서도 자신을 보호할 수 있다.

그렇게 전문가와 대화를 나누다 보면 다시 파트너와 가까워질 수도 있다. 하지만 이런 긍정적인 결과가 나오려면 먼저 환자가 자신의 장애를 깨닫고 고치기 위해 노력해야 한다. 두 사람이 함께 부부 상담을 받거나 환자가 혼자 심리치료를 받아야 한다. 그런 의미에서도 전문가의 도움은 중요하다. 당신이 전문가를 만나 힘을 얻는다면 환자에게 꾸준히 상담을 권할 수 있을 테니 말이다.

갈등이 심할 때는 환자와 확실히 거리를 두는 것도 한 가지 해결 방안이다. 어떤 방식으로 거리를 둘지는 환자의 행동에 달려 있다. 환자가 마음이 상해서 먼저 갑자기 관계를 단절해버릴 수도 있다. 부모 입장이라면 정말 속상할 것이다. 아무리 힘들어도 자식이 연락조차 하지 않는 것보다는 나을 테니 말이다.

당신이 먼저 단절을 통보하는 경우는 문제가 더 복잡해질 수 있다. 당신이 거리를 두고자 해도 환자가 받아들이지 않을 수 있기 때문이다. 환자는 당신이 자신을 '버렸다'고 생각해서 엄청난 상처를 받을 것이고, 그것이 안 그래도 부족한 그의 자존감과 열등감을 건드릴 것이다. 그의 세상에선 그가 다른 사람을 버릴 수는 있어도 버림받는 일은 절대 일어날 수 없다!

　당신이 환자의 파트너라면 문제가 매우 심각할 수도 있다. 환자는 근본적으로 당신의 의사에 전혀 관심이 없다. 그러니 당신이 연락을 끊어도 계속 문자를 보내고 전화를 걸고 심지어 집까지 찾아올 것이다. 당연히 당신은 불안에 떨며 무력감과 분노에 휩싸일 것이다.

　이런 식으로 환자가 당신을 괴롭힐 때는 두 가지 규칙을 명심해야 한다. 문자, 전화, 메일 등 모든 연락에 일절 반응하지 않는다. 개인적인 접촉도 절대 금지다. 진지하게 대화를 나누면 환자가 알아들을 것이라거나 문자에 대답을 해주면 환자가 마음을 가라앉힐 것이라는 생각은 큰 착각이다.

거리를 두자고 확실히 말했음에도 환자가 계속 전화를 걸고 스토킹하면서 관계를 유지하려 애쓴다면 경찰에 신고 해야 한다. 물론 쉽지 않은 결정이다. 그래도 한때 당신이 사랑했던 사람이거나 어쩌면 지금도 사랑하는 사람일 테니 말이다. 하지만 내 경험상 이럴 땐 수단과 방법을 가리지 말고 당신의 의사를 관철해야 한다. 마음이 약해져 한 발만 뒤로 물러나도 환자는 기고만장해져서 당신을 손아귀에 넣 었다고 생각할 것이다. 그리고 압력의 수위를 더 높이면 결 국 당신이 항복하고 말 것이라 자신할 것이다.

그런 극단적인 상황이라면 반드시 전문가에게 도움을 청해야 한다. 상담을 통해 자신을 보호할 수 있는 최선의 방안을 모색해야 한다.

요점 정리

○ 자기애성 성격 장애 환자들은 매력이 넘치기 때문에 그들이 계산적이고 차가운 인간이라는 사실을 쉽게 알아차리기 힘들다.

○ 그들은 자존감 결핍에 시달린다. 이런 낮은 자존감을 보상하기 위해 사회적 인정과 권력, 돈과 미모, 성공을 가장 중요하게 생각한다.

○ 그들의 인간관계는 '기능화된' 관계이다. 가족이나 파트너마저 '목적을 위한 수단'으로만 생각한다.

○ 그들의 인간관계엔 정서적 깊이와 책임감이 없다. 관계를 통해 자신이 얻을 수 있는 이익만 생각하기 때문이다.

당신이 할 수 있는 일

☺ 진실을 알고 나면 당신은 속았고 이용당했다는 기분에 무척 괴로울 것이다. 환자는 조종하기 쉬운 당신을 속으로 무시할 수도 있다.

☺ 환자가 보이는 차갑고 매정한 태도에서 열등감에 시달리는 불안한 인간을 꿰뚫어 보기란 쉬운 일이 아니다. 하지만 그 사실을 깨닫고 인정해야 환자의 행동을 도덕적으로 비난하는 수준에 머물지 않고 현실을 똑바로 바라볼 수 있다.

☺ 그의 불안과 열등감을 인정한다고 해서 그의 태도를 용납하라는 말은 절대 아니다. 하지만 지금보다 더 적절하게 대응할 수는 있을 것이다.

☺ 감정이 경고를 보내거나 환자의 말을 믿어도 될까 의심이 솟구친다면 그 마음의 소리에 귀 기울여야 한다. 뭔지 모르지만 불쾌한 기분이 들 때 신중하고 비판적인 눈으로 환자를 지켜봐야 한다.

☺ 당신이 환자와 거리를 두고 싶다면 환자가 아무리 방해해도 절대 물러서서는 안 된다.

☺ 자기애성 성격 장애 환자와의 관계를 부끄러워하지 마라. 당신이 한참 동안 속아서 환자와 관계를 유지했다고 해도 절대 창피한 일이 아니다.

☺ 가능하다면 용기를 내어 환자에게 확실히 못을 박아주자. 환자가 절대 넘어서는 안 될 당신의 경계선을 분명하게 그어주자.

☺ 그런 대화를 통해 환자와의 관계가 다시 좋아질 수도 있다. 물론 그러자면 환자가 자신의 장애를 인정하고 고치기 위해 노력할 준비가 되어 있어야 한다.

☺ 때로는 이별이 유일한 방법일 때도 있다.

☺ 당신이 헤어지자고 통보했음에도 환자가 계속 문자를 보내고 전화를 걸며 스토킹을 한다면 반드시 개인적인 접촉을 피하고 경찰에 신고해야 한다. 그래야 당신을 보호할 수 있고 당신의 의사를 명확히 전달할 수 있다.

5장

잘못 밟으면 터지는 폭탄처럼

알렉스 홀츠캄프는 서른여섯 살의 회사원이다. 개인적으로든 일 때문으로든 그를 만난 사람들은 모두 혼란스러운 감정을 느낀다. 그가 정반대되는 두 가지 얼굴을 보이기 때문이다. 누가 지나가는 말로 사소한 잘못을 지적해도 그는 금방 얼굴이 벌게져서 어쩔 줄 몰라 한다. 하지만 화가 나면 세상에 저런 냉혈한이 있을까 싶을 정도로 야멸차게 비아냥대고 인정사정없이 폭언을 쏟아낸다. 주변 사람들은 그의 비위를 맞출 수 없어 내내 전전긍긍이다. 그와 사무실을 같이 쓰는 한 여성 동료는 상사에게 이렇게 하소연하기도 했다.

"하루하루가 지뢰밭이에요. 언제 터질지 몰라 항상 마음이 조마조마해요. 예민하기는 또 얼마나 예민한지 무슨 말을 못 하겠어요. 말만 하면 상처받았다고 하니 원. 그런데 또 화낼 때는 어쩌나 사나운지 진짜 무서워죽겠다니까요."

알렉스는 어릴 때부터 매사에 예민하고 걸핏하면 화를 냈다. 항상 적군의 급습에 대비해 보초를 서는 군인 같았다. 게다가 세상 모든 사람을 불신했다. 심지어 부모도 믿지 못했다. 잘한 일을 부모가 충분히 칭찬하지 않거나 야단칠 때면 길길이 날뛰며 화를 냈다.

화가 주체가 안 되면 물건을 집어 던졌는데, 일부러 부모가 아끼는 물건만 골라서 부쉈다. 엄마가 정말로 아끼던 비싼 화병과 아빠가 직접 만든 등도 그가 집어 던져 부숴버렸다. "××년", "××놈", "개새끼" 같은 욕은 기본이었다. 듣기 민망한 욕도 예사로 했고, 어떨 땐 폭력을 행사하기도 했다.

부모는 야단도 치고 벌도 주고 좋은 말로 달래도 봤지만 다 소용없었다. 벌을 주면 더 거칠게 반항했고 좋은 말로 달래면 귓등으로도 안 들었다. 사춘기가 되자 반항은 더 심해졌다.

안에서 새는 바가지가 밖이라고 새지 않을까? 학교에 가서도 마찬가지였다. 당연히 그에겐 친구가 없었다. 약한 친구를 괴롭히고 심보가 뒤틀리면 주먹부터 날리는 그에게 친구가 있을 리 만무했다.

그래도 어른이 되자 조금 나아진 것 같았다. 화가 나도 알아서 자제했고, 무엇보다 폭력을 휘두르는 일이 없어졌다. 하지만 일부러 상처가 될 만한 말을 골라 던지는 고약한 버릇은 더 심해졌다. 거친 행동보다 그런 독설이 더 큰 상처가 된다는 사실을 터득한 것이다. 더구나 폭행은 법적인 문제를 일으킬 수 있지만 말은 아무리 독해도 문제 삼기가 쉽지 않았다. 사실 그가 바라는 것은 과시였다. 자신이 가장 힘이 세며 그 누구도 자신의 '영역'을 침범해서는 안 된다는 것을 남들에게 보여주고 싶었다.

당연히 그런 식으로는 친구를 사귈 수 없었다. 보다 못한 어머니가 아들에게 친구가 없어서 외롭지 않냐고 물었다. 그러자 그는 콧방귀를 뀌며 인간에게 관심 없다고 대답했다. 세상 모든 인간은 다 '쓰레기'라서 도무지 상종하고 싶지 않다고 말이다.

그나마 워낙 머리가 좋고 야망도 커서 그는 우수한 성적으로 학교를 마치고 남부럽지 않은 좋은 회사에 합격했다.

입사 후 신입사원 연수에서도 1등을 했다. 그 사실을 동료든 상사든 만나는 사람마다 자랑해대는 통에 회사에서 그는 "지 자랑"으로 불렸다. 하지만 그가 있는 자리에선 아무도 감히 그 별명을 부르지 못했다. 보나 마나 그가 생난리를 칠 것이 뻔했기 때문이다.

예컨대 이런 식이었다. 어느 날 알렉스가 작성해 상사에 게 제출한 보고서에 날짜가 잘못 적혀 있었다. 실수를 발견한 상사가 이를 지적했다. 말 그대로 지적이었을 뿐 엄청난 비난을 했던 건 절대 아니었다. 상사는 그저 잘못된 부분을 언급하고 수정하라고 지시했을 뿐이다.

그런데도 알렉스는 상사와 대화하는 내내 치밀어 오르는 분노를 꾹 눌러 참아야 했다. 돌같이 굳은 얼굴로 상사의 지적을 들은 뒤 대꾸 한마디 하지 않고 상사의 방을 나왔다. 자기 자리에 도착하자 굳은 그의 표정을 본 여성 동료가 상사에 게 꾸지람을 들었을 것이라 추측하고 알렉스에게 무슨 일이 냐고 물었다. 표정이 심각해 보여 걱정된 마음에 위로를 해주고 싶었던 것이다. 하지만 알렉스의 입에서 튀어나온 말은 충격적이었다.

"내가 너한테 사사건건 보고해야 해? 네가 우리 엄마야? 남 참견할 시간 있거든 네 일이나 잘해. 별 꼴 같지도 않은 게 간섭이야."

알렉스가 보이는 무례한 언행에는 웬만큼 이골이 났지만 이 정도로 험한 말은 처음이었다. 그녀는 너무 충격을 받아서 놀란 표정으로 그를 노려보았다. 겨우 정신을 차린 그녀가 대답했다.

"알렉스, 말이 너무 심하잖아. 표정이 굳어 있길래 야단이라도 맞았나 걱정돼서 물어본 것뿐이야. 도와주려는 거지 간섭하려는 게 아니었다고. 꼭 그렇게 해석하겠다면 어쩔 수 없지만 너무 무례한 거 아냐?"

하지만 알렉스는 사과하기는커녕 더 길길이 날뛰기만 했다. 입에 담지 못할 욕설을 퍼부으며 협박까지 해댔다. 동료는 너무 무서워 도망치듯 사무실을 나오고야 말았다.

알렉스 홀츠캄프의 모순되는 두 가지 행동 방식 역시 자기애성 성격 장애 환자가 가진 특징이다. 그들은 사소한 지적도 못 견딜 만큼 마음이 여리지만 상대를 공격할 때는 피도 눈물도 없이 잔인하다. 이 두 모습이 극과 극인 것 같지만 사실 이 둘은 직접적·인과적 관계가 있다. 두 행동 모두 이들이 과도하게 심약하기 때문에 나타나는 현상이다. 자기애성 성격 장애 환자들은 자존감이 매우 낮기 때문에 심각할 정도로 상처를 잘 받는다.

그들은 상처받지 않기 위해 온갖 방법을 총동원한다. 하지만 그 모든 노력은 실패로 끝날 수밖에 없다. 마음 깊은 곳에서는 항상 자신을 쓸모없는 인간이라 생각하며, 무력감과 불만에 시달리기 때문이다. 알렉스 같은 사람들은 거만한 태도로 주변 사람들을 무시하고 깔본다(나를 제외한 다른 인간은 더러운 '쓰레기'일 뿐이다). 하지만 가벼운 지적에도 폭력적으로 변할 수 있다. 거만한 태도로는 자존감 문제를 해결할 수 없기 때문이다.

그나마 침을 튀겨가며 자기 자랑을 늘어놓거나 피도 눈물도 없이 상대를 무섭게 공격할 때는 잠시나마 자신이 가장 힘센 사람이라고 느낄 수 있다. 그럼 잠깐은 고통스러운 무력감과 자괴감을 털어버릴 수 있고, 전문 서적에서 말하듯 "전능한 현실의 지배자"라고 느낄 수 있다. 하지만 그것은 가짜 성공이다. 남들을 무시하고 폭력을 휘둘러서는 오래가는 '진짜' 자기 확신을 얻을 수 없다.

알렉스가 그랬듯 환자가 폭력을 자제할 경우 긍정적인 변화의 신호로 볼 수 있다. 하지만 동기가 무엇이냐에 따라 다른 문제가 발생하기도 한다. 폭력을 멈춘 이유가 피해자의 아픔에 공감하고 폭력이 갈등 해결의 수단이 아니라는 사실을 깨달았기 때문일까? 아니면 알렉스처럼 말로 상대를 깔아뭉개는 것이 무식한 폭력보다 더 효과적이라고 생각했기 때문일까? 후자라면 폭력을 멈추었다고 해서 긍정적인 변화라고 볼 수는 없다. 오히려 더 효과적으로 남들을 괴롭힐 무기를 개발한 것뿐이다.

당신이 환자의 친구나 부모라면 환자의 그런 행동과 마주할 때마다 스트레스가 이만저만이 아닐 것이다. 특별한 일이 없더라도 자기애성 성격 장애 환자는 엄청나게 사람을 피곤하게 만든다. 정말 아무것도 아닌 일에도 당신은 머리를 싸매고 고민해야 한다. '괜찮을까? 또 마음 상하는 것 아닐까? 화내면 어쩌지?' 하루하루가 언제 깨질지 모를 얇은 얼음판 위를 걷는 심정이다. 환자의 가족이나 친구로서 당신이 매일매일 던지는 이런 질문들엔 엄청난 불안과 두려움이 담겨 있다.

문제는 당신이 아무리 노력하고 조심해도 환자는 결코 만족하지 못한다는 데 있다. 어떤 말도 환자의 화를 돋울 수 있다. 혹시라도 비난으로 들리지 않도록 최대한 객관적인 표현을 고르고 또 골라도, 알렉스의 엄마처럼 외롭지 않냐고 묻기만 해도 돌아오는 것은 증오에 가까운 분노이다.

어쩌면 당신도 이미 그런 상황에 지쳐서 과연 자기애성 성격 장애 환자와 '진정한' 관계를 맺을 수 있는지 고민해보았을지 모른다. 말 한 마디 한 마디를 고민해야 하고 상대의 반응을 걱정해야 한다면 과연 무슨 말을 할 수 있겠는가? 그래서 환자의 연락을 피하고 마주치지 않으려고 일부러 빙 둘러 다닌 적도 있을 것이다. 하지만 당신마저 환자를 피한다면 그의 곁엔 아무도 남지 않을 것이므로 아마 양심의 가책에 시달리기도 했을 것이다.

안 그래도 상처를 잘 받는 친구나 가족에게 또 다른 상처를 주었다는 생각에 죄책감도 든다. 하지만 그런 생각이나 기분은 결국 당신을 막다른 골목으로 내몰고 말 것이다. 여기서 당신이 또다시 포기하고 환자를 받아준다면 당신을 보호하고 나아가 환자를 도울 마지막 길마저 막혀버리게 될 테니 말이다.

자기애성 성격 장애 환자를 마주할 때마다 속에서 치밀어 오르는 또 하나의 감정은 분노다. 무슨 말만 하면 벌컥 화를 내며 소리 지르고, 걸핏하면 사람을 무시하고 깔보니 당신은 정말 온종일 지뢰밭을 걷는 심정일 것이다. 그 상태를 장기간 참을 수 있는 사람은 없다. 당신은 환자를 존중하고 환자의 아픔에 공감하기 위해 최선을 다했다. 그

룻된 행동으로 점점 더 깊은 수렁으로 빠져드는 환자가 참 안쓰럽기도 하다. 하지만 아무리 노력하고 인내해도 환자는 달라질 줄 모른다. 결국 당신도 더는 참지 못하고 폭발하고 만다.

하지만 자기애성 성격 장애 환자는 당신이 화를 낸다고 해서 바로 꼬리를 내릴 사람이 아니다. 당신이 화를 내면 그 화를 빌미 삼아 다시 압박을 가할 것이다. 압박의 방식도 다양해서 가령 참다 참다 폭발한 당신을 증오의 눈빛으로 바라보며 차갑게 외면한다.

자기애성 성격 장애 환자는 공감 능력이 떨어지지만, 상대의 아킬레스건이 어디인지를 짚어내는 능력은 탁월하다. 그래서 당신이 더는 못 견디고 불쾌한 표정을 짓거나 화를 내면 온갖 방법을 동원해 당신을 벌할 것이다. 환자의 냉담한 반응에 놀란 당신은 결국 조금 더 참을 것을 못 참고 화를 냈다며 자신을 탓하게 된다.

상황에 따라서는 환자가 오히려 당신에게 책임을 돌리는 바람에 당신이 죄책감을 느끼고, 화낸 것을 후회하게 될지도 모른다. 안 그래도 예민한 사람을 괜히 건드려서 문제를 더 악화시켰다고 자신을 탓할 것이다. "역시나 또 실수했다"고 자책할지도 모른다.

그런 생각이 들거든 성급한 자책의 덫에 걸려들지 않도록 정신을 바짝 차려야 한다. 앞에서도 말했듯 자기애성 성격 장애 환자는 주변 사람을 '옳고 그름'이 없는 상황으로 몰아넣는다. 당신은 무슨 짓을 하든, 무슨 말을 하든 다 틀렸다!

이런 상황은 쉽게 상처받고 다시 상대를 공격하기를 반복하는 환자 자신의 딜레마를 닮았다. 하지만 이 모든 것은 당신 탓이 아니다. 그러니 자책해선 안 된다. 당신은 그저 환자의 행동에 반응했을 뿐이다.

조금만 더 참을 걸 하는 후회와 죄책감은 둘 다 부적절한 감정이다. 자기애성 성격 장애 환자가 자신의 자존감을 지키기 위해 당신의 마음에 불어넣은 터무니없는 감정이다. 환자는 당신을 무력한 위치로 끌어내리고 죄책감과 자책을 불러일으켜 당신의 자존감을 갉아먹는다. 그럼 환자 자신은 힘을 과시할 수 있고, 환자를 자제시키려는 당신의 노력은 실패로 돌아간다.

환자가 당신의 분노에 더 직접적으로 반응하는 경우도 있다. 당신을 무릎 꿇리기 위해 증오를 표출하거나 차가운 침묵으로 일관하는 것이다. 자기애성 성격 장애 환자에겐 권력과 무력이 매우 중요한 문제이기 때문에 항상 누가 더 힘이 센지를 고민한다. 그가 더 힘이 센가? 당신이 더 힘이 센가? 그러므로 당신이 결국 지쳐서 그동안의 모든 노력이 다 실패로 돌아갔다는 생각이 들더라도 당신에겐 누가 더 강자인지가 중요한 문제가 아니라는 사실을 잊어서는 안 된다. 그런 생각이 들었다면 당신은 환자의 페이스에 말려 들어 승자와 패자만이 존재하는 그의 세상으로 휩쓸려 들어간 것이다. 환자가 일으킨 소용돌이에 휩쓸리지 않도록 정신을 똑바로 차려야 한다. 왜 당신이 잘못인가? 당신은 저항할 권리가 있는 인간이다!

앞에서 나는 자기애성 성격 장애 환자의 분노를 피도 눈물도 없는 '차가운' 냉혈의 분노라고 불렀다. 보통 사람들은 화를 낼 때 흥분하지만 자기애성 성격 장애 환자는 냉담하고 차가운 것이 특징이다. 알렉스가 그랬듯 자기애성 성격 장애 환자들은 절대 물불 안 가리는 '맹목적' 분노를 터뜨리지 않는다. 그들의 분노는 치밀한 계산을 거쳐 상대의 가장 아픈 지점을 정확히 강타하는 공격이다.

이성적으로 판단한 '냉담한' 공격인 만큼 상대에게는 더 큰 상처가 될 수 있다. 상대는 무력감에 어찌할 바를 모르고 환자의 잔인함에 경악한다. 환자는 다시금 상대의 이런 반응을 권력을 과시하고 증명하는 기회로 활용한다.

이런 태도에서도 환자의 공감 능력 부족이 여실히 드러난다. 환자는 자신에게만 집중한다. 열등감과 무력감을 막아 남들에게 힘 있는 사람으로 보이고 싶은 마음뿐이다. 감정적인 반응은 나약함의 증거라고 생각하기에 어떤 감정이든 수단과 방법을 가리지 않고 억누르려 노력한다. 이렇듯 모든 일을 철저히 계산해 행동하기 때문에 아무리 화가 나도 권력 과시에만 혈안이 되어 있다. "다 내 손안에 있어. 까불어도 나한텐 어림없어!"

아마 당신은 환자인 가족이나 친구가 지금껏 한 번도 사과한 적이 없다는 사실을 이미 깨닫고 이상하다고 생각했을 것이다. 동료에게 한바탕 욕설을 퍼부은 알렉스도 그랬다. 무슨 일이냐는 동료의 걱정 어린 물음에 공격적으로 반응했고, 그를 돕고 싶었다는 설명에도 절대 사과하지 않았다.

　자기애성 성격 장애 환자에게 사과란 상상조차 할 수 없는 일이다. 자신의 잘못을 인정한다는 것은 곧 '나약함'을 인정하는 것이고, 그것은 다시 자신이 힘없고 가치 없는 인간이라는 뜻이기 때문이다. 분명 당신은 왜 환자가 사과하지 않을까 궁금했을 것이다. 실수는 누구나 할 수 있는 일인데 왜 그걸 인정하지 못한단 말인가? 하지만 그렇게 물으면 환자는 자신은 실수한 적이 없으므로 사과할 이유도 없다고 대답할 것이다.

　공감 역시 마찬가지다. 자기애성 성격 장애 환자는 남의 아픔에 공감하지 못할 뿐 아니라 타인의 공감을 받아줄 줄도 모른다. 동료가 공감의 말을 건넸을 때 까칠하게 반응했던 알렉스처럼 자기애성 성격 장애 환자들은 일체의 공감에 부정적으로 반응한다. 남들이 연민과 공감을 보낸다는 것은 곧 자신이 약하고 불쌍한 인간이라는 뜻이기 때문이다. 어려움을 겪거나 고통을 느끼는 사람을 보면 오히려 멸시하고 승리의 기쁨을 느낀다. 그런 사람들을 보면 자신이 강하고 우월하다고 느끼기에 나약한 타인의 모습을 즐기는 것이다.

이런 행동 때문에 환자와의 관계는 힘들고 고단하다. 당신 역시 당신의 공감에 거칠게 반응하는 환자를 보며 속상했던 적이 한두 번이 아니었을 것이다. 당신은 선의였으나 환자는 무조건 당신을 비난하고, 도와주려는 의도였다고 설명하면 더 모진 말로 당신에게 상처를 준다.

환자가 당신의 상황에는 전혀 관심을 보이지 않아 속상한 적도 많았을 것이다. 환자는 자기 생각뿐이어서 옆에서 사람이 죽든 말든 아무 관심이 없다. 당신은 가족 혹은 친구인 환자를 늘 걱정하고 그를 보호하려 할 것이다. 그런데 정작 그는 당신에게 아무 관심도 없으니 어찌 속상하고 화나지 않겠는가?

자기애성 성격 장애 환자의 가족이나 친구에게 자주 듣는 말이 있다. 다들 시간이 흐를수록 이런 의문이 들었다고 고백한다.

"왜 나는 그렇게나 오랫동안 묵묵히 그 모든 행동을 참아주었을까?"

당신이 겪는 고통을 생각하면 그런 의문이 드는 것이 너무나 당연하지만 근본적으로 그것은 부적절한 자책이다. 누구라도 자기애성 성격 장애 환자처럼 나약한 모습과 무지막지한 공격을 번갈아 보이는 사람에게 능숙하게 대처하기란 어렵다. 앞에서도 말했듯 당신은 불안과 죄책감과 연민에 휩싸일 것이고, 아마도 그것이 오랫동안 당신이 분노를 꾹꾹 참아온 중요한 이유였을 것이다. 그러니 이제 와 당신이 더는 견디지 못하고 감정을 터뜨렸다고 해서 부끄러워하고, 왜 진즉 이렇게 하지 못했을까 자책하는 것은 무의미하다.

관계를 끊는 것도 부담스러운 상황을 해결하는 하나의 전략이다. 하지만 환자의 가족이나 친구라면 환자가 더 길길이 날뛸까 봐 겁이 나고 죄책감도 들고, 그 밖의 여러 가지 이유에서 관계를 딱 끊어버리기가 쉽지 않을 것이다. 그럼에도 관계 단절 말고는 달리 당신 자신을 보호할 방법이 없는 그런 순간이 찾아올 것이다.

환자가 당신의 결별 선언을 받아들이지 않을 수도 있다. 아마 그는 온갖 수단을 총동원해 당신을 곁에 붙들어두려 할 것이다. 타인에게 결별 선언을 듣는다는 것은 그가 상상할 수 있는 최악의 모욕이기 때문이다. 만일 그렇게 된다면 쓸모없는 인간, 사랑받을 가치 없는 인간이라는 그의 뿌리 깊은 확신을 재확인하게 될 테니 말이다. 그럼에도 필요하다면 포기하지 말고 당신의 결심을 끝까지 밀고 나가야 한다. 조금이라도 여지를 주면 그는 금방 다시 포위망을 좁혀오고, 당신은 점점 더 관계의 소용돌이에 휘말려 들어갈 것이다.

관계를 단절하는 것이 환자에게 오히려 득이 될 수도 있다는 사실을 명심한다면 관계를 끊기가 조금 더 수월할 것이다. 실제로 가까운 사람과 헤어지고 난 뒤 희미하게나마 이대로 살면 안 되겠다고 각성하는 환자가 드물지 않다. 물론 그렇다고 해서 환자가 곧바로 자신의 문제점을 깨닫는다는 말은 아니다. 하지만 적어도 환자가 건설적인 방향으로 변화를 꾀하는 충격요법이 될 수는 있다.

내 경험상 심리치료를 원치 않던 환자가 치료에 응하는 가장 큰 계기는 중년의 위기가 찾아왔을 때다. 가령 중년이 되어 주변에 아무도 없다는 사실을 깨닫거나 자신의 인생이 실패했다고 느낄 때, 가혹한 현실과 마주한 환자는 엄청난 고통을 느끼고 살기 위해선 전문가의 도움이 필요하다고 판단한다.

자기애성 성격 장애 환자도 치료를 받으면 자신감이 커지고 자존감이 높아질 수 있다. 그렇게 하면 다른 사람들의 말이나 행동에 쉽게 상처받지 않고 공격적인 반응도 줄어들 것이다. 하지만 그러자면 치료를 오래오래 받아야 한다.

환자의 가족이나 친구가 환자로 인한 고충을 털어놓으면 주변 사람들은 으레 이런 질문을 던진다.

"왜 그걸 다 받아주고 있어? 받아주지 마!"

설사 그런 질문을 받는다 해도 압박감을 느끼지 말아야 한다. 하지만 '왜?'라는 질문이 당신에게 유익한 작용을 할 수도 있다. 그 질문을 통해 당신을 대하는 환자의 태도가 당연한 것이 아님을 깨달을 수 있기 때문이다. 특히 자기애성 성격 장애 환자인 부모와 평생을 살아온 자녀들의 경우, 환자와 함께 보낸 시간이 워낙 길기 때문에 외부인은 상상도 할 수 없는 수많은 일을 '보통'이라고 생각하기 쉽다. 부모의 행동에 너무나 익숙해져 있기 때문이다.

그런 상황에서 제삼자가 놀란 눈으로 "왜 그러고 살아?" 하고 물으면, 당신은 자신의 상황이 일반적이지 않으며 부모의 극단적인 행동, 당신의 인내와 망설임과 겁에 질린 침묵이 결코 당연한 것이 아니라는 생각을 어렴풋하게나마 하게 될 것이다. 더 운이 좋다면 자신의 현실을 지금보다 더 객관적으로 바라볼 수 있게 될 것이다. 하지만 이 경우 '왜?'라는 질문은 절대 지금껏 당신이 잘못 살아왔다는 비난의 의미가 아니다. 그러니 서둘러 변해야 한다는 압박감이나 의무감을 느낄 필요가 없다.

자기애성 성격 장애 환자와 함께 사는 것은 정말 고단한 일이다. 이번 장에서는 그들의 '차가운' 공격에 관해 살펴보았다. 그렇다면 그들의 그런 냉정한 반응에 어떻게 대처해야 할까? 어떻게 해야 당신이 피해를 입지 않을까?

제삼자와 대화를 나누는 것이 좋다. 특히 갈등이 심해졌을 경우엔 반드시 외부인과 대화를 나누어야 한다. 친구도 좋고, 사정을 잘 아는 지인도 좋다. 부끄러워하지 말고 속내를 다 털어놓아야 한다. 누구든 마음을 터놓고 이야기를 나눌 수 있다면 혼자 끙끙거릴 필요가 없으므로 부담이 훨씬 줄어들 것이다. 또한 상대가 당신의 말을 듣고 이런저런 조언을 해줄 것이므로 지금과는 다른 시선으로 현실을 바라볼 수 있을 것이다.

대화가 바람직한 방향으로 흘러갈 경우 당신의 시야가 넓어지고 풍성해질 것이다. 사실 누군가에게 속내를 털어놓기만 해도 가슴이 뻥 뚫리는 기분이 들 때가 많다. 이야기하다 보면 절로 상황이 정리되기도 한다. 가끔은 이야기를 하다가 스스로 해결책을 떠올리는 경우도 있다. 상대의 조언을 듣고 새로운 전략을 모색하거나 지금껏 사용해온 전략이 맞지 않았음을 깨달을 수도 있다. 어쨌든 대화를 통해 효과적인 나름의 행동 전략을 찾는 것이 중요하다.

환자의 공격에 확실히 선을 긋는 것도 필요하다. 그러자면 용기를 내야겠지만 당신 자신을 보호하려면 반드시 해야 하는 일이다. 가령 알렉스의 동료와 같은 상황에 처한다면 오해의 여지 없이 확실하게 '스톱'을 외칠 필요가 있다.

자기애성 성격 장애 환자와 갈등이 생겼을 때는, 특히 그로 인해 당신이 심리적으로 심각한 상처를 받았다면 반드시 전문가를 찾아 도움을 청해야 한다. 혼자서 해결하겠다거나 전문가는 필요 없다고 고집 피우는 건 큰 잘못이다. 앞에서도 누차 말했지만 자기애성 성격 장애 환자는 인정사정이 없다. 당신을 대놓고 무시하고 상처 될 말도 아무렇지 않게 툭툭 던진다. 그런 파괴적인 관계의 소용돌이에 휩쓸렸을 땐 외부의 도움 없이는 절대 빠져나올 수가 없다. 따라서 망설이지 말고 심리치료사나 정신과를 찾아가 상담을 해야 한다. 찾아가서 당신의 고충을 털어놓고 앞으로 어떻게 대처할지 전문가와 함께 길을 찾아보자.

○ 자기애성 성격 장애 환자는 일관성 없는 행동으로 주변 사람들을 괴롭힌다. 어떨 땐 마음이 어쩌나 여린지 별것 아닌 말에도 큰 상처를 받지만, 화를 내고 공격할 때는 찔러도 피 한 방울 안 나올 정도로 차갑고 냉정하다.

○ 이런 모순된 행동을 보이는 이유는 자존감이 낮아서다. 자기애성 성격 장애 환자는 자존감이 낮아서 아무것도 아닌 일에도 상처를 받으며 자신을 보호하기 위해 거만하고 공격적인 태도로 일관한다.

○ 자기애성 성격 장애 환자는 절대 사과하지 않는다. 아무리 사소한 실수도 인정하지 못한다. 실수를 인정한다는 것은 나약함을 자백하는 것과 같고, 그건 절대 참을 수 없는 일이기 때문이다.

○ 자기애성 성격 장애 환자와 대화를 나누다 보면 당신은 그의 반응에 두 가지 감정을 느낄 것이다. 혹시 당신이 잘못한 게 아닌가 죄책감이 들거나 환자가 물불 가리지 않고 화를 내며 날뛸까 봐 겁이 날 것이다.

당신이 할 수 있는 일

☺ 환자가 화가 나서 길길이 날뛰거든 단호하게 '스톱'을 외쳐야 한다.

☺ 당신을 보호하려면 환자와 거리를 둘 필요가 있다. 상황이 심각할 때는 완전히 연락을 차단하는 것도 방법이다.

☺ 환자가 당신을 보내지 않으려고 온갖 방법을 동원해 압력을 가하더라도 물러서서는 안 된다.

☺ 혼자 환자를 감당할 수 없을 땐 지인이나 전문가에게 도움을 청해야 한다.

6장

세상에서 가장 잔인한 고백

50대 후반의 여성 후버는 유명한 인테리어 디자이너다. 사회적으로는 성공했으나 개인적으로 그녀에겐 문제가 한두 가지가 아니다. 그녀는 변덕이 심하고 자신에게 득이 된다 싶은 것은 무슨 수를 쓰더라도 자기 것으로 만들어야 직성이 풀린다. 누가 조금만 듣기 싫은 소리를 하거나 그녀를 떠받들고 칭찬하지 않으면 돌변해서 상대가 아플 말만 골라 독설을 쏘아댄다.

　　성격이 그렇다 보니 오래 사귄 남자 친구가 없다. 남자가 아니라 어떤 사람과도 마음을 나누는 깊은 관계를 맺은 적이 없다. 가족들이 외롭지 않냐고 걱정하면 그녀는 웃으며 이렇게 대답했다.

"남자 필요 없어. 귀찮기만 하지. 애라도 생기면 어쩔 거야? 상상만 해도 머리가 아파. 혼자서도 충분히 행복해. 일만 해도 시간이 모자란데 무슨 남자야."

실제로 그녀는 외롭다거나 곁에 사람이 없어 아쉽다는 생각을 해본 적이 없다. 일하지 않으면 각종 행사에 불려 다니느라 하루 24시간이 부족했기 때문이다. 워낙 활동적이고 에너지가 넘치는 그녀를 모두가 원했다. 후버 자신도 그런 스스로가 매우 자랑스러웠다. 다만 혼자 있는 시간이면 희미하지만 마음 저 깊은 곳에서 이런 외침이 들려왔다. 아무리 바쁘게 왔다 갔다 하더라도 그건 생산적인 활동이 아니라고, 외로움을 잊고 낮은 자존감을 보상하기 위한 발버둥이라고.

그녀는 지적이고 매력적이고 유명했기에 어딜 가나 사람들의 주목을 받았다. 어릴 때부터 패션 감각이 뛰어나 옷을 맵시 나게 입을 줄 알았고, 넘치는 활력과 매력으로 사람들을 사로잡았다. 어디서든 환영받았고, 그녀가 감당할 수 없을 만큼 초대장이 쏟아질 때도 많았다.

그녀 자신은 물론이고 주변 사람들 역시 그녀가 인맥이 넓고 많은 사람에게 존경받는다고 생각했다. 나중에 늙으면

외로우니 결혼하라는 충고에 그녀가 웃으며 이렇게 대답할
정도였다.

"안 그래도 사람에 치여 죽을 판이야. 걱정하지 마. 필요
한 건 다 있으니까. 완벽해."

그런데 몇 년 전부터 사업이 예전 같지 않았다. 후버 자
신도 이제 늙었다는 생각을 자주 했다. 그녀의 말마따나 "울
적한" 생각도 자주 찾아왔다. 특히 모임이 없어 혼자 집에 있
는 밤이면 마음이 한없이 가라앉았다. 후버는 혼자만의 시간
을 즐기지 못했다. 혼자가 되면 신경이 곤두서고 마음이 불
안했다. 자신의 인생이 커다랗고 시커먼 구덩이 같았다.

예전에는 이런 고통스러운 기분을 잊으려고 일부러 더
사람들을 많이 만나고 일정표를 온갖 약속으로 빼곡히 채웠
다. 그런데 이제는 혼자 있는 시간이 많아졌고 그런 만큼 기
분도 더 울적했다. 어떤 땐 세상이 그녀를 아예 잊어버린 게
아닌가 싶었다.

이런 상황은 후버에게 매우 부정적인 영향을 미쳤다. 그
녀는 어딜 가나 주목을 받았고 칭송을 들었다. 진짜로 가까
운 사이는 아니었지만 지인들이 서로 그녀를 데려가려고 경

쟁을 벌였다. 그런데 이제 그녀는 모두가 부러워하는 자신감 넘치는 화려한 여성이 아니라 아무도 모르는 평범한 할머니가 되어버렸다. 주변의 칭찬과 인정이 생존의 필수품인 그녀에게는 너무나 가혹한 현실이었다.

그 고통을 잊기 위해 그녀는 술을 마셨다. 예전에도 그녀는 긴장이 되면 포도주를 한 잔씩 마시는 버릇이 있었다. 술은 약보다 구하기 쉽고 효과도 빨랐으니까. 술을 마시면 금세 마음이 편안해지고 자신감이 솟구쳤다.

처음에는 술이 많은 도움이 되었다. 포도주 한두 잔이면 근심 걱정이 사라졌고, 기분이 좋아졌다. 사람들 앞에서도 예전처럼 자신감이 넘쳤다.

"요새 안 좋다더니 멀쩡한데. 위기를 극복했나 봐! 역시 멋진 사람이야!"

몇몇 지인이 그녀를 보며 자기들끼리 이렇게 속닥거렸다. 이렇듯 그녀는 술의 도움을 받아 자신감을 되찾았다. 한동안 예전의 빛나는 모습으로 돌아간 듯했다. 하지만 혼자가 되면 곧바로 온갖 암울한 생각이 찾아왔다. 앞으로 일은 점점 줄어들고, 더 늙고 초라해질 일만 남았을 텐데 어떻게 하나 걱정스러웠다.

걱정이 들 때마다 후버는 술을 찾았다. 몇 달 안 가 주량이 엄청나게 늘었고 '울적한' 생각은 더 심해졌다. 그녀는 무력감에 시달렸다. 그녀를 삼켜버릴 것만 같은 '시커먼 구덩이'를 보며 진저리를 쳤다. 술이 유일한 구원이었다.

하지만 그 누구도 그녀의 이런 어두운 시간을 알지 못했다. 부모님이나 언니조차도 전혀 몰랐다. 후버가 이런 모습을 철저하게 숨겼고 술을 마셔 어두운 생각을 최대한 하지 않으려고 몸부림쳤기 때문이다. 그러나 미래에 대한 불안은 더해갔고 공허와 허무는 사라질 줄 몰랐다. 이제 일을 하거나 사람들과 만나고 있을 때도 불쑥불쑥 허무가 밀려왔다. 예전과 달리 사람들 속에 있으면 외로움이 더했다.

그럴 때마다 술에 의지했고, 음주량이 눈에 띄게 늘었다. 당연히 문제가 안 생길 수 없었다. 예전처럼 일이 즐겁지 않았고, 창의적인 아이디어가 떠오르지도 않았고, 일 처리가 꼼꼼하지도 못했다. 그 결과 일거리가 자꾸 줄었다. 한마디로 악순환이었다. 공허와 허무가 밀려와 술을 찾고, 술 때문에 일이 줄고, 일이 줄어 더 심한 불안이 밀려왔다.

성공해서 사람들의 칭찬과 인정을 받아야 부족한 자존감을 채울 수 있을 텐데, 그러지 못하니 자존감의 샘물이 말라버렸다. 게다가 술을 너무 많이 마셔서 꼴이 말이 아니었고 실수도 잦았다. 그녀는 이런 자신이 부끄럽고 죄책감이 들었다. 매력이 철철 넘치고 패션 감각이 출중해서 사람들의 찬사를 한 몸에 받던 그녀가 가꾸지 않아 몰골이 말이 아닌 볼품없는 할머니가 되어버렸다. 그것이 부끄러워 자꾸 사람을 피했고, 그러다 보니 혼자 있는 시간이 많았다. 당연히 외로웠고 공허감과 허무감이 파도처럼 밀려들었다.

후버의 집안일을 봐주던 아주머니가 일주일간 휴가를 갔다가 돌아오니 후버가 숨이 끊어진 채 침대에 누워 있었다. 수면제 과다 복용이 원인이었다. 이미 숨을 거둔 지 며칠이나 지난 것 같았다. 후버는 가족에게 아무런 유언도 남기지 않았다. 가족과도 자주 연락하지 않았기 때문에 후버가 죽은 지 며칠이나 지났지만 아무도 몰랐던 것이다.

참 슬프고 우울한 이야기다. 하지만 자기애성 성격 장애 환자에겐 특별할 것 없는 사연이다. 찬란한 인생을 살고 있다고 믿었는데 현실이 그렇지 않다는 사실을 깨닫는 순간 그들은 대부분 심각한 위기에 빠진다. 자신이 현실을 외면해왔고 그 누구와도 마음을 주고받지 못했으며 남 보기에는 그럴듯할지 몰라도 더는 화려한 외면으로 고통스러운 자괴감과 무력감을 가릴 수 없다는 사실을 고백하지 않을 수가 없기 때문이다. 이런 사람들을 밀론[20]은 '보상형 나르시시스트'라고 부른다(1장을 참고할 것). 겉으로는 화려하고 멋지지만 사실 그들은 낮은 자존감과 열등감에 시달린다.

자기애성 성격 장애 환자라 해도 후버처럼 오랜 시간

허무감과 공허감을 잘 달래는 사람들이 있다. 외모를 잘 가꾸고 성공 가도를 달리면서 깊은 관계는 아니지만 많은 사람과 어울리며 자신은 물론 주변 사람들에게 잘 살고 있다는 이미지를 전달한다. 속내는 전혀 그렇지 않아도 자신 역시 그 사실을 알아차리지 못하고 혹시라도 그런 생각이 들까 봐 최선을 다해 방어한다.

따라서 어느 날 문득 환자가 자살했다는 소식을 들으면 주변 사람들은 크게 당황한다. 가족이나 친구가 그때까지 곁에 남아 있을진 모르겠지만 가끔이라도 연락을 취하고 살았다면 특히 큰 충격을 받을 것이다.

"꿈에도 생각 못 했어. 행복해 보였는데. 바라던 건 다 이뤘잖아. 근데 자살이라니, 왜 그랬을까?"

이것이 자살한 자기애성 성격 장애 환자의 가족이나 친구가 보이는 전형적인 반응이다. 그들이 미처 보지 못한 사실이 있다. 환자는 평생 공허감과 자괴감에 시달렸다. 하지만 후버의 표현대로 그 '시커먼 구덩이'를 보지 않으려 안간힘을 쓰기 때문에 주변 사람들은 환자에게 그런 고통이 있다는 사실을 전혀 눈치채지 못한다. 그러다 어느 날 갑자기 환자가 스스로 목숨을 끊으면 그야말로 '마른하늘에 날벼락'이 따로 없는 것이다.

대기업이나 대형 은행의 최고경영자가 위기를 견디지 못하고 자살하는 경우가 대표적인 사례일 것이다. 주변 사람들은 대체로 이해할 수 없다는 반응을 보인다. 더구나 이들은 자살의 조짐조차 보이지 않는다. 그들의 자살이 우울증 때문이 아니라 그동안 애써 외면해왔던 참을 수 없는 현실을 갑자기 맞닥뜨린 결과이기 때문이다. 그리고 지금까지의 삶이 그랬듯 자살을 계획하고 실행에 옮기는 과정 역시 무심하기 그지없다.

물론 후버는 자살하기 전부터 상황이 급격히 안 좋아졌다. 일이 줄고 술은 늘고 외모가 쇠락하면서 안 그래도 낮은 자존감이 더 떨어지고 공허감이 점점 심해졌다. 문제는 그 사실을 알아차리고 그녀를 도와줄 사람이 아무도 없었다는 데 있다. 마음을 나누는 깊은 관계를 맺지 못하는 것이야말로 그녀의 진짜 문제였다.

바로 이것이 그녀가 자랑하던 화려한 겉모습의 이면이었다. 안타까운 점은 말년이 고독해지면서 그녀가 더욱 자신의 무능함과 자괴감을 확신하게 되었다는 데 있다. 하지만 그녀의 고독은 그녀가 쓸모없는 인간이라는 증거가 아니라 진정한 관계를 맺지 못한 결과일 뿐이다.

당신이 후버 같은 사람의 가족이나 친구라면 분명 그녀의 죽음에 엄청난 충격을 받을 것이다. 더구나 환자가 유서 한 장 남기지 않고 세상을 뜨는 경우가 많기 때문에 남은 사람들은 자살의 이유조차 알 수 없다. "왜 그랬을까?" 묻고 또 물어도 돌아오는 대답은 없다.

남은 사람들은 두 가지 이유에서 죄책감에 사로잡힐 위험이 높다. 첫째, 자살은 대개 남은 사람들에게 죄책감을 안긴다. "막을 수 없었을까?" "내가 뭘 잘못했을까?" "조금만 더 신경 썼더라면 막을 수 있지 않았을까?" "내가 너무 못되게 굴어서 그가 나를 믿지 못했던 걸까?" 남은 사람들은 계속해서 질문을 던진다.

둘째, 자기애성 성격 장애 환자는 전혀 예상치 못한 순간에 아무런 설명도 없이 자살하는 경우가 많다.

그런 상황이라면 전문가의 도움이 필요하다. 당신은 이미 환자 곁에 머물며 온갖 상처를 받았을 것이다. 그런데 이제 와 환자가 스스로 목숨을 끊어버렸다. 상황에 따라서는 완전히 넋이 나가버릴지 모른다. 물론 당신 주변에도 힘들 때 지원군이 되어줄 또 다른 친구나 가족이 있을 것이다. 하지만 그들 역시 나름의 슬픔과 죄책감으로 고민하고 슬퍼할 터이므로 온전히 당신에게만 신경 써줄 수 없을 것이다.

가족이나 친구의 자살을 마주한 당신이 느낄 수 있는 또 하나의 감정은 분노다. 어떻게 그럴 수가 있을까? 우리는 안중에도 없었던 걸까? 무슨 자격으로 우리에게 이런 엄청난 슬픔과 죄책감을 던져놓고 자기만 가버린 걸까? 너무 무책임하지 않나?

당신의 분노는 너무나 지당하다. 그러니 죽은 사람에게 분노하는 자신이 창피하다거나 죄스럽다고 느끼지 말아야 한다. 물론 목숨을 끊은 환자는 더 살아갈 힘이 없을 만큼 절망에 몸부림쳤을 것이다. 하지만 그의 행동에는 잔인한 면이 없지 않다. 남은 사람들의 마음은 전혀 배려하지 않고 오직 자신의 상태만 생각하고 그에 따라 행동했으니까.

환자가 그동안 살아온 방식을 생각한다면 죽음의 방식

역시 별스러울 것이 없다. 환자는 평생 남을 생각한 적이 없다. 그러니 죽을 때도 당연히 남은 사람들의 기분이나 소망, 불안 따위 생각했을 리 만무하다.

특히 위기가 찾아와 '시커먼 구덩이'가 입을 떡 벌리면 환자는 평소보다 더 자신에게 집중한다. 심할 땐 마지막 남은 인간관계마저 끊어버리고 더 깊은 고독의 수렁으로 빠져든다. 그 결과 공허감과 무력감이 더욱 짙은 그림자를 드리운다. 이런 악순환이 반복되면 환자는 결국 자살만이 유일한 길이라고 생각하게 된다.

언론에서 최고경영자나 유명 정치인의 자살 소식을 보도하며 그가 자기애성 성격 장애를 앓았던 게 아니냐는 추측을 내놓을 때면 절로 드는 생각이 있다. 그런 위치에 있으면 나르시시스트가 될 수밖에 없지 않을까? 업무 특성상 감정에 휘둘리지 말아야 하고 성공을 최우선으로 생각해야 하므로 사람들에게 차갑고 매정할 수밖에 없지 않을까? (9장을 참고할 것.)

여기에 더해 죽은 사람이 생전에 저지른 사기, 횡령, 기만행위가 밝혀질 경우 그가 자기애성 성격 장애 환자가 확실하다는 주장이 빠르게 퍼져나간다. 타인을 이용해 철저히 자기 배를 불리고 회사에 엄청난 손실을 입힌 파렴치한 행위가 바로 자기애성 성격 장애의 확실한 증거라는 것이다.

꼭 그렇다고 장담할 수는 없지만 아마 실제로 그런 경우가 드물지 않을 것이다. 최고의 자리에 오르려면 앞뒤 가리지 않는 추진력과 막강한 투지가 있어야 한다. 높은 자리에 있던 사람이 세상을 뜬 후 갑자기 그의 성추행이나 위력행사 같은 범죄 사실이 알려지고, 죽은 사람의 성격이 이책에서 설명한 내용과 크게 다르지 않다는 부하 직원들의 증언이 터져 나오는 이유도 바로 그 때문일 것이다.

다행히 자기애성 성격 장애 환자가 모두 자살하는 것은 아니다. 평생 주변의 관심을 끌고 성공 가도를 달리면서 자존감을 잘 지키는 사람도 있다. 그런 사람들은 별다른 문제가 발생하지 않는 한 오래오래 낮은 자존감과 공허감을 숨기며 잘 산다.

하지만 위기가 찾아오거나 나이가 들면 그들이 아무리 노력한다 해도 암울한 심정을 완벽하게 숨길 수는 없다. 진짜 감정을 드러내지 않으려고 안간힘을 써도 주변에서 뭔가 '이상하다'는 낌새를 눈치챌 것이다. 만일 당신이 환자에게서 그런 낌새를 느꼈다면 솔직하게 환자에게 물어봐야 한다. 괜히 자살 의도를 물어서 아무 생각 없던 사람에게 자살을 일깨울 수도 있지 않냐고 반박하는 사람도 있다. 하지만 애당초 자살할 생각이 없는 사람은 누가 묻는다고 해서 자살을 꿈꾸지 않는다.

당신이 환자에게 걱정스러운 마음을 털어놓았더니 그가 솔직히 자살 생각이 든다고 고백한다면 어쩔 것인가? 진짜 자살을 생각하는 사람은 누군가 먼저 물어주면 큰 안도감을 느낀다. 혼자 고민하지 않아도 되니 행복하고, 누군가와 이야기를 나눌 수 있어 다행이라고 생각한다. 당신 역시 마음이 훨씬 가벼워질 것이다. 환자가 무슨 일을 저지를지 모른다는 걱정에 혼자 전전긍긍했는데 그 근심을 솔직히 털어놓았으니 부담이 덜어질 것이다.

상황이 견디기 힘들 만큼 부담스럽다면 망설이지 말고 전문가에게 도움을 청해야 한다. 전문가와 대화를 나누다 보면 자신의 감정을 정확히 알 수 있을 것이다. 자살을 꿈꾸는 가족을 보며 당신이 느낀 무력감과 혹시라도 그가 자살할지 모른다는 불안을 정확히 깨달을 수 있다. 전문가와 함께 환자를 도울 방법을 모색할 수도 있다.

자기애성 성격 장애 환자가 제 발로 전문가의 도움을 청하는 일은 드물다. 하지만 이혼하거나 해고를 당하는 등 큰 위기가 닥치면 자신의 삶이 공허하고 빈곤하다고 느낄 것이다. 특히 나이가 들면 인생의 무상함이 뼈저리게 다가오고, 명예나 돈이 행복과 만족의 수단이 아니라는 깨달음도 밀려온다. 그런 순간이면 환자도 도저히 이대로는 안 되겠다고 생각할 것이고 그렇다면 전문가에게 도움을 청하고 싶은 마음이 생기기도 할 것이다.

이때 환자가 조금이라도 당신을 신뢰한다면 당신에게로 고개를 돌릴 것이다. 그리고 지금껏 계산적이고 차가운 모습에 가려 당신이 전혀 보지 못했던 나약한 모습을 보여줄지도 모른다. 그와 대화하면서 당신은 완전히 새로운 그의 면모를 목격할 수도 있다. 사람은 변하지 않는다지만 환자가 고난을 겪으며 순해지고 부드러워져 이제 당신과 새로운 관계를 쌓을 수도 있다.

하지만 위기가 지나간 뒤에도 환자가 계속 부드러운 모습을 유지할 것이라 기대해서는 안 된다. 그는 몇 년, 아니 몇십 년 동안이나 잘난 척하고 거만을 떨며 자기감정을 숨겨왔다. 위기가 지나가면 금방 다시 예전 모습으로 돌아갈 수 있다. 진짜 변화는 정서적인 충격이 매우 심하거나, 집중 심리치료를 통해 환자가 자신의 감정을 들여다보고 자신을 괴롭히던 자존감 문제를 해결하기 위해 노력할 때만 가능하다.

자기애성 성격 장애 환자들은 어지간해서는 치료를 받으려 하지 않는다. 치료를 받자고 하면 모욕감을 느껴 완강히 거부한다. 그렇다고 해도 환자가 너무 위험해 보이거든 심리치료를 받자고 권하는 것이 좋다. 아마 환자는 벌컥 화를 내며 애먼 트집을 잡을 것이다.

"내가 정신병자야? 날 정신병자로 만들어서 병원에 처넣으려고 그러지."

그래도 포기하지 마라. 조금이라도 힘이 남아 있다면 심리치료는 정신병 치료가 아니라고 설득해야 한다. 심리치료는 자신의 중요한 부분을 실현하지 못해 고통받는 사람에게서 그 고통을 덜어주는 방법이라고 말이다. 당신이 이런 제안을 하는 것은 환자의 고통이 심해 보이기 때문이라는 말도 곁들일 수 있겠다. 어쨌든 대부분은 그런 말이 안 통할 것이고 환자는 당신의 그 모든 노력을 그저 모욕으로만 느낄 것이다. 절대 드러내고 싶지 않은 그 '시커먼 구덩이'를 당신이 건드렸기 때문이다.

그럼에도 환자를 걱정하는 당신의 마음을 표현하는 것이 좋다. 들은 척도 안 하거나 독한 말로 당신을 공격할 수 있지만 운이 좋으면 당신의 설득이 긍정적인 효과를 발휘할 수도 있다. 실제 자기애성 성격 장애 환자들을 치료하다 보면 그런 고백을 많이 듣는다. 처음에 가족이 치료를 받자고 권했을 때는 화를 냈지만 나중에는 그 말이 자꾸 생각나 결국 심리치료를 받게 되었노라고 말이다.

요점 정리

○ 자기애성 성격 장애 환자는 화려한 겉모습으로 낮은 자존감을 숨기려 애쓴다.

○ 그러나 낮은 자존감을 끌어올려 줄 성공, 돈, 외모 같은 보상 전략이 힘을 잃을 때 환자는 심각한 위기에 빠질 수 있다. 심한 경우 자살하기도 한다.

○ 자기애성 성격 장애 환자는 가까운 가족이나 친구에게도 마음을 닫아건다. 절망과 무력감에 시달리는 속내를 누구에게도 보여주지 않는다. 이들은 자살할 때도 유서를 남기지 않기 때문에 남은 사람들은 자살의 이유를 알 수가 없다.

당신이 할 수 있는 일

☺ 환자가 자살을 생각하는 것 같으면 가만히 있지 말고 환자에게 솔직하게 물어야 한다. 그 질문이 당신은 물론이고 환자에게도 안도감을 준다.

☺ 환자로 인해 스트레스가 너무 심할 때는 반드시 전문가에게 도움을 청해야 한다.

☺ 거절하더라도 자꾸 권하다 보면 환자의 마음이 움직여 치료를 시작할 수도 있다.

7장

돈 후안도 울고 갈 바람둥이

30대 중반의 남성 마르첼 크로이트너는 '모든 여성의 이상형'이다. 얼굴이 조각같이 잘생긴 데다 몸매도 좋고 매력이 철철 흘러넘친다. 정작 그는 인형 같은 여자와 나란히 걸어가며 다른 남자들이 보내는 부러운 시선을 한 몸에 받을 때가 제일 좋다. 그럴 때 그를 가만히 관찰해보면 그가 진정으로 원하는 것은 그 여성과의 관계가 아니라 주변 사람들의 관심과 질투라는 사실을 금방 알 수 있다. 그에게 가장 중요한 것은 여자 친구의 무조건적인 순종과 사람들의 부러움이다. 그런 순간이면 으쓱 우월감을 느끼기 때문이다.

마르첼은 매력으로 여자를 사로잡아 손아귀에 넣고 옴짝달싹 못 하게 한다. 하지만 정작 자신은 그의 말마따나 여자를 "갖는" 순간 곧바로 흥미를 잃어버린다. 그래서 여자 친구가 계속 바뀌고 대부분은 몇 주를 넘기지 못한다.

심지어 여러 명의 여자와 동시에 만날 때도 많다. 물론 자신의 문어발 연애를 여자 친구들에게는 감쪽같이 숨긴다. 하지만 남자들에게는 아주 대놓고 떠벌리며 자신의 인기를 자랑한다.

가장 최근에 그의 '먹잇감'이 된 여성은 열아홉 살의 대학생 아네 케플러였다. 두 사람은 한 파티장에서 만났다. 아네는 마르첼을 보자마자 첫눈에 홀딱 반하고 말았다. 어쩌나 그가 마음에 들었던지 넋을 잃고 바라보느라 그가 질문을 해도 못 듣고 멍하니 쳐다보고만 있었다. 다음 날 친구를 만난 아네는 입이 마르게 그를 칭찬하기 바빴다.

"너도 보면 홀딱 반할 걸. 매력이 철철 넘쳐. 예의는 또 얼마나 바른지, 정말 딱 내 이상형이야."

"그런 남자가 세상에 어디 있어? 정신 차려."

친구의 충고에도 아네는 칭찬을 멈추지 못했다.

"네가 직접 보면 생각이 달라질 거야. 난 정말 행운아야."

실제로 그 파티장에서 마르첼은 깍듯하고 배려심 많은

멋진 남자였다. 그는 아네에게 폭포수처럼 칭찬을 퍼부었고 수려한 말솜씨로 아네의 마음을 완전히 사로잡았다. 그에겐 오랜 경험으로 터득한 나름의 여자 꼬시는 방법이 있었다. 처음 만난 여자와 재미나게 수다를 떨고 춤도 추지만 절대 특별한 관심을 보이지는 않는다. 그 수법으로 그는 이미 수많은 여자의 마음을 사로잡았다. 알쏭달쏭한 그의 태도에 여자들은 안달이 났고, 그래서 더욱 그에게 매달렸다. 그날 밤 아네도 마찬가지였다. 마르첼은 편하게 그녀와 이런저런 이야기를 나누었다. 그녀의 외모와 지성을 칭찬했으며 그녀와 즐겁게 춤을 추었다. 하지만 그녀 쪽에서 적극적으로 다가온다 싶으면 얼른 한 발 뒤로 물러나며 다시 거리를 두었다. 그날 밤 그는 두 번이나 자리를 떴다.

"아, 저기 친구들이 왔네요. 인사하러 가야겠어요. 이따 또 봅시다."

그래놓고 그는 먼발치에서 곁눈질로 아네를 살폈다. 아네는 꼼짝도 하지 않고 그 자리에 앉아서 애타게 그만 쳐다보았다. 대학생으로 보이는 남자들이 와서 춤을 신청했지만 아네는 다 거절하고 자리를 지켰다. 마르첼이 돌아오자 아네는 남학생들이 와서 같이 놀자고 했지만 거절했다고 말했다. 그가 놀란 표정으로 물었다.

"왜 같이 놀지? 나 때문에 파티를 망쳐서 되겠어요? 난 혼자서도 잘 놀아요."

"싫어요. 그쪽하고 같이 있고 싶어요."

아네는 이렇게 대답하며 수줍은 표정을 지었다. 마르첼은 여자들이 짓는 그런 표정을 좋아했다. 그건 그녀들이 '낚싯바늘을 물었다'는 증거니까. 자정이 가까워져 오자 그는 황급히 시계를 보며 얼른 집에 가야겠다고 말했다. 아네에게도 피곤할 텐데 그만 가서 쉬라고 권했다.

"만나서 반가웠어요. 또 봐요."

그는 이렇게 작별 인사를 건네고 악수를 청했다. 당연히 그는 아네의 실망을 눈치챘다. 하지만 바로 그것이 그의 수법이었다. 그래야 아네는 그가 자신에게 특별한 관심이 없다고 생각할 것이고, 더 안달이 나서 그에게 매달릴 테니까.

"꼭 다시 만나고 싶어요."

아네가 다급하게 말했다. 쉽게 던진 고백이 아니라는 것이 느껴지는 목소리였다. 마르첼은 일부러 무심하게 대답했다.

"그럼 그래야지요."

자신에게 매달리는 아네를 보며 흥분되고 만족스러웠지만 그는 그 기분을 들키지 않으려고 애썼다. 그는 원하는 것을 이루었다. 아네는 이미 그가 던진 낚싯줄에 걸린 물고기였다. 아네는 너무 좋아서 마르첼의 팔을 잡으며 물었다.

"핸드폰 번호 가르쳐줄 수 있어요?"

"아, 이런. 핸드폰이 망가져서 새로 개통할 건데 이참에 번호를 바꾸려고요. 그쪽 번호를 줘요. 내가 연락할게요. 괜찮죠?"

그가 대답했다. 그렇게 두 사람은 헤어져 각자 집으로 돌아갔다. 상대의 전화번호를 알지 못해 실망이었지만 그래도 아네는 곧 연락이 올 거라고 굳게 믿었다. 그날 밤 당장 둘이 따로 데이트하자고 말하고 싶었지만 헤픈 여자가 치근덕댄다는 인상을 줄까 봐 입을 다물었다. 그에게 그런 인상을 주고 싶지 않았다. 아네는 그에게 홀딱 반했다. 그날 밤 잠자리에 누워 그와 함께하는 아름다운 미래를 상상했다. 그런 멋진 남자랑 같이 다니면 친구들이 얼마나 부러워할까?

"난 정말 행운아야."

그녀는 중얼거리며 잠이 들었다. 이튿날 바로 연락이 올 거라는 그녀의 예상은 완전히 빗나갔다. 일주일이 지나도록 문자 한 통이 없었다. 다시 일주일이 흘렀다. 아네는 온종일 전화기만 들여다보았고, 매번 실망해 한숨을 쉬었다.

"나한테 관심이 없었던 거야. 직장이 어딘지나 물어볼 걸. 왜 아무것도 안 물어봤을까?"

족히 3주는 지나고서야 겨우 짤막한 문자가 도착했다.

"안녕, 난 잘 있어요."

왜 이제야 문자를 보냈는지 설명도 없었고 다시 만나자는 말도 없었다. 그저 짧은 인사뿐이었다. 그마저 그녀의 안부는 묻지도 않고 자기가 잘 지낸다는 말뿐이었다. 아네는 종잡을 수가 없었다.

"내가 얼마나 기다렸을지 뻔히 알면서 너무한 거 아냐?"

섭섭하고 화도 났지만 그런 것을 따질 처지가 아니었다. 아네는 자신이 얼마나 소식을 기다렸는지, 오늘 문자를 받고 얼마나 기뻤는지를 적어 긴 답장을 보냈다. 구차하게 보일 위험을 무릅쓰고 오늘 당장 만나자고 말했다. 그러나 그의 답장은 며칠이 지난 뒤에야 도착했다.

"미안. 너무 바빠서 답장을 보낼 수가 없었어요. 언제 시간이 나는지 한번 살펴볼게요. 안녕."

다시 2주가 흘렀다. 마르첼에게선 아무 소식이 없었다. 아네는 절망했다. 거의 매일 문자를 보내 만나고 싶다고, 얼른 답장을 달라고 애걸했다. 2주 후 마침내 그에게서 답장이 왔다. 역시나 간단명료했다.

"오늘 저녁 7시, ○○ 레스토랑에서."

그날 저녁에 중요한 세미나가 있었지만 아네에겐 그게 중요하지 않았다. 당장 그에게 좋다고, 만날 수 있다고 답장을 보냈다.

마르첼은 자신의 수법이 너무 잘 통해서 기분이 좋았다. 아네는 이미 떡밥을 물었다. 이제 서서히 낚싯줄을 당기기만 하면 된다. 앞으로 아네는 그가 시키는 대로 다 할 것이다. 그가 아네에게 특별히 매력을 느끼는 이유는 그녀가 한 번도 남자를 사귀어본 적이 없다고 말했기 때문이었다. '첫 남자'라니, 처녀라니! 그날 밤 식당에선 화기애애한 분위기가 흘러넘쳤다. 아네는 쉬지 않고 자기 이야기를 했고 마르첼은 관심 있는 표정으로 그녀의 말을 들어주었다. 하지만 그의 마음은 콩밭에 가 있었다. 어떻게 하면 아네를 유혹해 정복할 수 있을까, 그의 머리엔 오직 그 생각뿐이었다.

식사가 끝나자 마르첼은 아네에게 그녀의 집으로 가서 편하게 한잔 더 하면 어떻겠냐고 물었다. 아네는 마르첼의 관심이 무척 반가웠고 그와 분위기 있는 시간을 보내고 싶었지만 아직 섹스를 할 단계는 아니라고 생각했다. 처음이라 무섭기도 했고, 아직 그를 잘 알지도 못했다.

그러나 아네의 집에 도착한 마르첼은 안면을 싹 바꾸었다. 다정하게 그녀를 애무하고 키스를 퍼부었지만 예의와 배려를 싹 버리고 아네에게 섹스를 요구했다. 그 수법이 너무나 능수능란해서 섹스를 하고 싶긴 하지만 망설여지는 그녀의 마음을 교묘하게 갖고 놀았다.

"원치 않으면 말해요. 그럼 언제든지 갈 테니까. 난 우리가 서로 사랑한다고 생각했는데. 사랑하면 섹스하고 싶은 게 당연하지 않아요? 하지만 그쪽이 원치 않는다면……."

그 말과 함께 그는 벌떡 일어나 나가려는 제스처를 취했다.

"가지 마요."

아네가 울면서 매달렸다.

"가지 마요. 사랑해요. 사랑한다고요. 하지만 섹스는 너무 일러요. 그리고 내가 아직 경험이 없어서…….."

마르첼은 우는 아네를 부드럽게 감싸 안아 침대로 데려갔다. 아네가 첫 경험이라 경황이 없어 눈치채지 못했지만 마르첼은 발기가 안 되어 주로 손으로 그녀를 만족시켰다. 섹스가 끝날 무렵에야 그는 겨우 삽입했고 오르가슴을 느꼈다. 아네가 오르가슴을 느꼈는지 아닌지는 그의 관심사가 아니었다. 사실 자신의 오르가슴도 중요하지 않았다. 어떤 여자도 그를 거부할 수 없고, 아네 역시 손아귀에 넣었다는 사실을 확인하는 것, 그것이 그의 가장 중요한 관심사였다.

그는 사정을 하자마자 벌떡 일어나 생판 처음 보는 사람을 대하듯 무심한 표정으로 이만 갈 테니 잘 있으라고 인사했다. 내일 일찍 출근해야 하는 데다 할 일이 산더미라서 얼른 가서 자야 한다고 말했다. 아네는 너무 당황했고, 일말의 배려도 없는 그의 매정함에 몹시 놀랐다. 그녀는 몸을 돌려 옷을 입은 후 문까지 그를 배웅했다. 이런 남자한테 사랑을 고백하고 섹스까지 허락한 사실이 너무 창피했고, 뭔가 더럽혀진 것 같아 기분이 참담했다. 게다가 이제 와 생각하니 남자를 믿고 피임도 하지 않았다.

작별 분위기는 냉랭했다. 마르첼은 목표를 달성해 무척 만족스러웠다. 그것으로 아네를 향한 그의 관심도 끝났다. 첫 경험이 이럴 것이라 한 번도 상상하지 못했던 아네는 몹시 실망했다.

이튿날부터 아네는 마르첼에게 계속 전화를 걸고 문자를 보냈다. 자신이 그날 밤 어떤 기분이었는지 그에게 꼭 말하고 싶었다. 어쨌거나 그와 계속 사귀고 싶었기 때문이다. 하지만 마르첼에게선 아무 연락이 없었다. 그래도 아네가 포기하지 않고 계속 연락하자 하루는 비아냥거리는 말투로 이런 문자를 보내왔다.

"눈치는 안드로메다로 보냈나? 이제 연락하지 마. 우린 안 맞아."

아네는 너무 창피해서 친구들에게도 차마 그 이야기를 하지 못했다. 하지만 도저히 혼자서는 해결할 수 없을 것 같아 남자 경험이 많은 친구에게 솔직히 고민을 털어놓았다. 이야기를 들은 친구는 벌컥 소리를 질렀다.

"아니 그 이야기를 왜 이제 해? 그런 놈들 나도 알아. 꼬실 때는 세상 그 누구보다 더 예의 바르고 친절하고 다정하지. 원하는 걸 손에 넣고 나면 언제 그랬냐는 듯 안면몰수야. 정복이 목표니까. 사실 섹스도 못해. 나도 그런 놈하고 만난 적 있는데 발기도 안 됐어. 나중에 책 보고 알았어. 그런 놈들은 발기가 잘 안 된다고 하더라고."

친구의 말이 너무나 가슴 아팠지만 또 한편으로는 자신의 잘못이 아님을 확인해 일단 안도했다. 그래도 아네는 경솔했던 자신이 창피했고, 어쩌다 그런 놈한테 그렇게까지 홀딱 빠졌을까 스스로 놀라웠다. 친구는 아네를 위로했다.

"자책하지 마. 그런 놈들은 워낙 빤질거리고 능수능란해서 경험 많은 여자도 속기 일쑤야. 정말로 여자를 사랑하는 것처럼 연기하면서 일부러 연락을 잘 안 하기 때문에 여자들이 점점 애가 타서 결국 시키는 대로 다 하게 된다니까."

그러나 아네를 위로하려는 친구의 노력은 별 소용이 없었다. 몇 주 동안 마르첼과 함께 보낸 그날 밤이 계속 떠올랐다. 더 충격적인 것은 분노와 수치심 곁에서 자꾸만 그가 보고 싶다는 마음이 고개를 들이밀었다는 사실이다.

"그 정도로 나쁜 놈은 아닐 거야. 진짜로 피곤해서 그랬을 수도 있지. 성 기능 문제야 내가 옆에서 도와주면 나을 수도 있잖아."

그런 마음이 올라올 때면 아내는 다시 그에게 문자를 보내 만나자고 애원했다. 하지만 그에게선 답장이 단 한 통도 오지 않았다.

말도 안 돼! 어쩌면 당신은 이렇게 생각할지 모른다. 무슨 산골 소녀도 아니고 다 큰 대학생이 파티에서 우연히 만난 남자에게 그렇게나 금방 넘어가다니! 진짜 철이 없거나 집에서 오냐오냐 키워 세상 물정이라고는 모르는 아이가 아니라면 절대 그럴 수 없다고 말이다. 하지만 그렇지 않다. 아네 케플러는 똑똑하고 능력 있는 현대 여성이다. 열아홉 살이라 아직 어리긴 하지만 소신 있고 당차서 꿈과 목표가 확실했고 가치관과 인생관도 뚜렷했다.

자기애성 성격 장애 환자는 진정으로 너무너무 사랑한다는 인상을 주어 상대를 완전히 혼란에 빠뜨릴 수 있다. 하지만 아네의 이야기에서도 보았듯 그들의 진짜 목적은 권력을 휘둘러 자신이 천하무적이라는 사실을 거듭 확인하려는 것이다.

환자가 남성일 경우 경험 많고 능력이 출중한 여성이 피해를 입는 경우도 적지 않다. 환자는 이들을 그물 안으로 유인하여 생포한 뒤 자기 목적을 이루는 데 이용한다. 밀론은 이런 사람들을 매력을 뽐내고, 자기과시적이며, 깊은 관계를 맺을 수 없는 '호색형 나르시시스트'라고 부른다.

돈 후안(이탈리아 문학에서는 돈 조반니로 부른다)은 유럽 문학과 음악에서 큰 사랑을 받는 인물이다. 이번 장에서 자기애성 성격 장애 환자의 특징을 설명하며 돈 후안을 비유로 들었으므로 이 인물에 관해 잠시 알아보고 넘어가자. 돈 후안은 쾌락에 탐닉하는 남자로 바람둥이의 원형이다. 그가 실제 인물인지 가공의 인물인지는 아직 명확한 결론이 나지 않았다.[21]

돈 후안이 문학작품에 등장한 것은 17세기부터였지만, 현대문학과 음악에서도 그는 여전히 큰 자리를 차지하고 있다. 유명한 작품을 몇 가지만 예로 들어보면 몰리에르의 희곡《동 쥐앙》(1665), 모차르트의 오페라 〈돈 조반니〉(1787), 키르케고르의 작품《이것이냐 저것이냐》에 포함

된 〈유혹자의 일기〉(1843), 막스 프리슈의 소설 《돈 후안 또는 기하학에 대한 사랑Don Juan oder die Liebe zur Geometrie》(1953) 등을 꼽을 수 있다. 이 모든 작품에서 그는 사회적·도덕적 규칙을 무시하고 마음에 드는 여자를 수단 방법 가리지 않고 유혹하지만 막상 여자를 손에 넣는 순간 흥미를 잃는 인물로 그려진다.

돈 후안이라는 인물이 유럽에서 이렇듯 오랫동안 호응을 얻은 이유는 그런 인물이 그만큼 보편적인 인간의 경험을 반영한다는 뜻일 것이다. 유혹하는 인간의 원형인 돈 후안은 작품에 따라 다양한 모습으로 변주되었지만, 쾌락을 추구하고 이기적인 목적으로 여자들을 유혹하며 결코 만족을 모른다는 점에서는 공통된다. 그는 영원히 배가 고픈 인간, 한곳에 안착하지 못하고 새로운 제물을 정복하기 위해 쫓아다니는 인간이다. 고대의 나르키소스가 이룰 수 없는 자기애로 괴로워했듯 돈 후안 역시 근본적으로는 비극적인 인물인 것이다.

심리학과 정신의학에서는 이런 증상을 성 중독의 한 형태로 보며 '돈후안이즘'이라고 부른다(색광증satyriasis이라고도 한다). 여성의 경우 같은 증상을 '님포마니아nymphomania'라고 부른다. 이런 행동을 하는 원인으로는 열등감을 잊고 우월감을 입증하려는 중독적인 노력을 들 수 있다. 마르첼이 그러했듯 이들은 열등감을 잊기 위해 여성을 유혹하고 여성에게 파렴치한 행동도 서슴지 않는다.

마르첼은 이런 점에서 볼 때 진정한 유혹의 달인이다. 아네가 자신에게 반했다는 사실을 금방 알아차리고 그 상황을 교묘하게 이용한다. 일부러 아네에게 무관심한 척하고, 파티장에서 헤어질 때 소극적인 반응을 보인 것은 아네를 더 옭아매려는 노림수였다. 핑계를 대고 자신의 휴대전화 번호는 주지 않은 채 아네의 번호만 받은 것도, 몇 주 동안 일부러 연락하지 않은 것도 아네의 불안을 부채질하겠다는 의도적인 행동이었다.

보란 듯이 짤막한 문자를 보낸 것도, 얼른 만나고 싶다는 아네의 요구를 묵살한 것도 자기애성 성격 장애 환자가 보이는 전형적인 수법이다. 여자가 기다리다 속이 까맣게 탈 무렵 갑자기 시간과 장소를 제멋대로 정해 거의 명령에 가까운 말투로 만나자고 요구한다. 아네는 대학교에서 중요한 세미나가 있었지만 참석하지 않고 마르첼이 정한 장소로 허겁지겁 달려나갔다.

함께 식사를 마치고 아네의 집에서 벌어진 광경 역시 세상 모든 여자를 무너뜨릴 수 있는 무적의 남자가 되어 자존감을 회복하고자 애쓰는 자기애성 성격 장애 남성의 전형적인 행동이다. 마르첼은 사실 성행위 자체에 관심이 있는 것이 아니다. 아직 한 번도 남자와 자본 적 없는 처녀는 지금까지 수집해온 전리품 목록에 없는 특별한 트로피다. 그것을 쟁취해 진열대에 올려놓는 것이 그의 목적이었다. 게다가 아네는 성 경험이 없다 보니 그녀 앞에선 더욱 경험 많은 남자인 양 잘난 척할 수 있었다.

정신분석학자 한스 위르겐 비르트Hans-Jürgen Wirth[22]는 권력자를 분석한 그의 저서에서 높은 지위에 있는 남성이 위력을 행사해 여성을 성적으로 유혹하는 일이 쉬지 않고 일어난다고 지적한다. 그리고 그 이유를 이렇게 설명한다. "높은 지위에 오른 사람은 자칫 자기애성 성격을 방출하기 쉽다. 그들은 대단하고 유일한 존재이고 싶은 자신의 바람이 이루어졌다고 느낀다. 그들의 나르시시즘적 자아상과 세계관이 권력을 쥔 사회적 지위를 통해 현실에서도 인정받은 것이다. (…) 권력자는 자기 자신을 힘이 있고 훌륭하다고 생각하기 때문에 기분과 욕망에 따라 부하 여성들을 취할 권리가 있다고 굳게 믿는다."[23]

비르트가 설명한 권력자의 행동 원리는 자신에게 반한 아네에게 가차 없이 권력을 휘두르는 마르첼 크로이트너 같은 돈 후안에게서도 똑같이 발견된다. 이런 종류의 남성 중에는 성 기능 장애자가 적지 않고, 이 역시 그들이 가진 핵심 문제인 자존감 결핍의 증거다. 그럴수록 이들은 더욱 권력을 과시해 그 사실을 숨기려고 애쓴다. 마르첼 역시 그런 경우이다. 하지만 그가 워낙 능숙해서 성 경험이 없는 아네는 눈치채지 못했다. 오히려 자신이 처음이라 그가 더 조심하고 배려한다고 착각했다. 그녀의 생각이 착각임은 마르첼이 사정을 하자마자 벌떡 일어나 당황한 아네에게 이제 그만 가겠다고 말한 순간 밝혀졌다.

마르첼 같은 나르시시스트는 여성을 존중하고 배려할 줄 아는 성숙한 남성이 아니다. 공감 능력이 없지는 않지만 그 능력을 오직 어떻게 하면 여성을 정복할 수 있을까, 어떻게 해야 여성을 더 옭아맬 수 있을까 탐색하는 무기로만 활용한다. 상대 여성의 감정이나 바람 따위엔 일말의 관심도 없다.

그들은 성행위 그 자체보다 전주곡에, 다시 말해 낚시 놀이에 더 매력을 느낀다. 그런 놀이를 통해 자신의 힘과 독립을 확인하려 한다. 문제는 낚시가 성공을 해도 성취감이 오래가지 못해서 다시 또 다른 여성을 쟁취하기 위해 유혹의 전선에 뛰어들어야 한다는 데 있다. 이렇듯 그는 영원한 정복자지만 결코 만족이란 것을 모른다. 아무리 정복을 하고 또 해도 자존감은 돌아오지 않고 쓸모없는 인간이라는 자괴감은 사라지지 않는다.

자기애성 성격 장애 환자의 이런 행동 원리를 알고 나면 아마도 당신은 갈등에 빠질 것이다. 마르첼과 아네의 이야기를 읽으면서 당신은 분명 아네의 편에서 그녀를 동정했을 것이다. 아네의 마음을 이용해 제 욕심을 채운 마르첼에게 분노를 느꼈을 테니 말이다. 하지만 한편으로는 자존감을 회복하기 위해 그런 행동까지 해야 하는 그에게 동정을 느꼈을지도 모른다. 자기애성 성격 장애 남성과 관계를 맺은 여성들이 바로 이런 이중적인 감정에 휩싸인다. 아네역시 모욕감과 수치심과 분노에 떠는 한편 혹시라도 자신이 그에게 잘못하지는 않았는지, 그를 외면하기보단 도와주어야 하는 것은 아닌지 자문한다.

이처럼 피해자의 마음을 불안에 떨게 하고 혼란에 빠뜨리는 것 역시 자기애성 성격 장애 환자들이 사용하는 전략이다. 그래서 피해자들은 주변의 만류에도 다 잘될 것이라는 터무니없는 믿음을 품고 다시 환자와 관계를 맺는다. 피해자를 괴롭히는 불안과 갈등은 일정 정도 환자의 불안을 반영한다. 환자 역시 마음 저 깊은 곳에선 불안에 시달리고 있기 때문에 자존감을 키우기 위해 타인을 옭아매고 지배하려 드는 것이다. 물론 그도 알고 있다. 그런 전략은 어차피 오래가지 못해서 또 금방 새로운 사람을 만나 자신의 가치를 확인받아야 한다는 것을 말이다.

당신이 자기애성 성격 장애 환자와 이런 형태의 관계를 맺게 된다면 무엇보다도 친한 사람에게 사실을 털어놓아야 한다. 대화 상대가 당신의 사랑을 모욕하고 야멸찬 파트너를 비난할까 두려워 망설일 수도 있다. 하지만 당신도 이미 짐작하듯 당신은 이용당하고 있다. 당신의 파트너는 당신의 감정을 갖고 장난을 치고 있다. 그러니 혼자 판단하거나 단정 짓지 말고 객관적인 입장에서 조언하는 제삼자의 말에 귀를 기울여야 한다. 특히 그가 환자도 아는 사람이라면 보다 정확한 판단을 내려줄 수 있을 것이다.

제삼자가 당신을 이해하지 못한다고 섭섭해하거나 그의 비판적인 조언을 거절할 것이 아니라 그가 하는 말을 잘 듣고 되새겨보아야 한다. 제삼자와 이런 대화를 나눈 뒤라면 아무리 당신이 사랑에 눈이 멀어 있다 해도 환자의 행동을 눈여겨 관찰하게 될 것이다. 그럼 그가 자기 생각밖에 안 하는 인간인지, 당신의 감정과 바람을 이해하고 인정하는지를 더욱 수월하게 판단할 수 있다.

제삼자에게 터놓고 이야기하기가 망설여지는 또 다른 이유는 수치심 때문이다. 자신을 이용하려는 사람을 사랑하다니 분명 당신도 자신에게 화가 나고 창피할 것이다. 머리로는 도망쳐야 한다고 생각하면서도 마음은 도저히 그를 떠나지 못한다. 이런 상황에 놓여 있을수록 믿을 수 있는 사람과 꼭 대화해야 한다. 외부의 도움 없이는 제때에 조치를 취해 더 큰 상처를 예방하기 어렵다.

앞에서도 설명했듯 자기애성 성격 장애 환자는 아주 능수능란하게 멀어졌다 다가오기를 반복하기 때문에 당신의 감정도 오르락내리락 롤러코스터를 탄다. 그것이 당신의 변덕스러운 성격 탓이라고 생각해서는 절대 안 된다. 과도한 변덕은 마르첼 같은 나르시시스트에게서 볼 수 있는 전형적인 관계 패턴이다. 그들은 변함없이 오래오래 마음을 주고받는 깊은 관계를 참지 못한다. 자기 목적을 위해 상대를 이용할 수 있을 때만, 상대에게 권력을 행사할 수 있을 때만 관계를 허용한다.

따라서 당신이 아네처럼 자기애성 성격 장애 남성에게 집착할 경우 그는 유혹의 기술이 먹혔다고 기뻐하는 한편 결코 진정한 관계는 허락하지 않을 것이다.

당신이 지금 만나는 사람이 진짜로 자기애성 성격 장애 환자라는 사실을 깨달았을 때는 친한 사람에게 사실을 털어놓는 것만으로는 부족하다. 이럴 땐 전문적인 도움을 받아야 한다. 심리치료를 통해 자기감정의 정체와 당신이 환자를 떠나지 못하는 이유를 파악하고, 치료사와 함께 앞으로의 전략을 모색해야 한다.

심리치료는 무엇보다 파괴적 관계를 맺게 하는 배경을 깨닫도록 돕는다. 자기애성 성격 장애 환자는 오직 자신에게만 집중하기 때문에 타인의 마음에 공감하는 능력이 거의 없다. 마르첼 역시 자기만 생각하는 이기적인 행동으로 일관했다. 애당초 아네에게는 아무런 관심도 없었으므로 아네가 무슨 생각을 하고 어떤 상처를 받았는지 알 수가 없다.

자기애성 성격 장애 환자들은 극도로 예민해서 주변 사람들이 어떤 지점에서 상처를 잘 받고 이용당하기 쉬운지를 기가 막히게 찾아낸다. 그런 능력이 없었다면 마르첼은 달콤한 말과 행동으로 아네를 꼬드기지 못했을 것이다. 그는 아네가 사랑을 바라며 '강하고' 경험 많은 남성에게 의지하고 싶어 한다는 사실을 즉각 알아차렸다. 그리고 바로 그 지점을 공략해 그녀를 손아귀에 넣었다.

보통 혼인빙자 사기꾼들도 이런 수법으로 피해자를 농락한다. 제삼자의 입장에서 들으면 나이도 먹을 만큼 먹은 여자가 어떻게 그런 한심한 남자에게 속아 큰돈을 덥석 내

주었는지 의아할 것이다. 물론 처음부터 상대를 너무 믿고 자기감정을 다 보여주는 바람에 속내를 들켰다는 점에서 보면 성급한 면이 없지 않다. 하지만 마르첼 같은 나르시시스트는 목적을 이루는 데 도움이 된다면 무엇이든 여성에게서 '뽑아내는' 능력이 있다. 만약 당신이 아네와 비슷한 상황에 처한다면 상대의 정체를 제때에 파악해 단호하게 대처하기가 매우 힘들 것이다. 피해자들은 이런 말을 한다.

"헤어지려고 한 적도 많아요. 하지만 막상 그 사람 얼굴을 보면 온몸의 에너지가 다 빨려 들어가 버리는 것 같았어요. 헤어지겠다던 각오가 스르륵 무너졌고, 이상하게 들린다는 걸 잘 알지만 그가 날 안아주기라도 하면 정말이지 너무나 행복했어요."

자기애성 성격 장애 남성은 쥐를 쫓는 고양이가 되었을 때 가장 만족감을 느낀다. 따라서 피해자의 마음을 무너뜨릴 수 있는 모든 감정에 호소한다. 여성의 연민, 인내심과 배려, 무엇보다 사랑과 온기, 보호를 향한 갈망에 호소하는 것이다.

피해자 입장에선 상대가 바로 그런 감정들을 악용하기

때문에 더 큰 상처를 받는다. 이런 상황에 있다면 외부의 도움이 시급하다. 가족이든, 친구든, 전문가든, 의지할 수 있는 사람이 필요하다.

자기애성 성격 장애 남성과 직접 대화를 나누는 것도 당연히 한 가지 해결 방안이다. 하지만 이것은 실현되기 힘든 방법이다. 당신은 이미 그의 제물이 되어버렸기 때문에 스스로도 자신의 행동을 설명할 수 없을 것이다. 그가 안아주기만 해도 다시 마음이 약해지고 심지어 행복하다고 느끼는 자신이 이해가 안 될 테니 말이다.

자기애성 성격 장애 환자는 상대 파트너에게 강한 영향력을 행사하기 때문에 당신 역시 무엇이든 그가 바라는 대로 따를 위험이 높다. 심지어 아무 잘못도 없는 당신이 오히려 환자에게 사과하는 지경에 이를 수도 있다. 그에게 끌려다닌 정도가 심할수록 또다시 그의 유혹에 넘어갔다는 깨달음과 함께 밀려드는 수치심과 죄책감도 커질 것이다.

그런 이유에서 환자와 대화를 나눌 때는 믿을 만한 사람과 동행하는 것이 좋다. 제삼자는 객관적인 시선으로 대화를 관찰하므로 관계에 휘말려 든 당신보다 훨씬 정확한 판단을 내릴 수 있을 것이다. 혹시라도 당신이 해로운 일을 감수하려 할 경우 나서서 막아줄 수도 있다.

제삼자가 있으면 환자도 더 조심스럽게 행동할 것이다. 혹시 그가 대화를 하지 않겠다고 거부할 수도 있다. 만일 그렇다면 의도는 확실하다. 그는 자기 손아귀에 들어온 당신과만 협상하려는 것이다. 그는 자신을 의심하는 제삼자가 함께 있다는 것만으로도 자기 확신이 무너지고 마는 그런 나약한 인간인 것이다.

그럼에도 어쨌거나 대화가 성사된다면 당신은 별안간 나르시시스트의 전혀 다른 모습을 보게 될 것이다. 아마 그는 비아냥거리거나 당신을 무시하고, 하도 쫓아다니며 귀찮게 굴길래 불쌍해서 만나주었더니 이제 와 딴소리냐며 차갑게 공격할 것이다. 아니면 그동안 그렇게 자신만만하고 당당하던 그가 갑자기 불쌍하고 나약한 모습으로 애걸할 수도 있다. 물론 보통의 나르시시스트는 나약한 모습을 잘 보여주지 않는다. 그것이 마음 저 깊은 곳에 숨은 그의 근본적인 갈등을 건드리기 때문이다. 그래서 거만하고 공격적인 모습을 취하거나 대화를 아예 거부할 가능성이 더 높다.

제삼자가 참석하는 대화를 거부하며 당신과 둘이서만 이야기하고 싶다고 그가 우기더라도 절대 넘어가서는 안 된다. 온갖 아부를 하며 "딱 한 번만" 만나달라고 애걸해도 꿋꿋하게 버텨야 한다. 아무리 사소한 일이라도 일단 그의 말을 들어주면 그는 전과 다름없이 당신을 손아귀에 넣었다고 착각할 것이다. 그에겐 그것이 최고의 승리이기에 그는 수단과 방법을 가리지 않고 이전과 같은 상황을 회복하려 노력할 것이다. 당신은 그를 사랑하기 때문에 그 감정을 억누르며 행동하기가 쉽지 않다. 따라서 그런 위기 상황에서는 전문가에게 도움을 청하는 것이 유익하다.

여기까지 읽은 당신은 이렇게 생각할지 모른다. 여기서 설명한 유형의 자기애성 성격 장애 환자와는 헤어지는 것 말고는 답이 없어! 실제로 많은 경우 이런 당신의 생각이 옳지만 언제나 꼭 그래야만 하는 것은 아니다. 인간이란 워낙 변화가 쉽지 않은 존재이기에 호색형 나르시시스트 역시 금방 달라질 수는 없다. 아무리 사랑을 맹세하고 또 맹세해도 그들은 마음을 주고받는 진실한 관계를 맺을 능력이 없다. 하지만 어떤 종류의 관계를 맺느냐에 따라 당신의 작별 선언이 그에게 엄청난 충격을 안겨줄 수 있다.

심리치료를 통해 자신을 바꾸지 않으면 당신을 잃고 말 것이라고 느끼는 그 순간이 변화의 기점이 될 수 있다. 그래서 부부 심리 상담이 변화의 첫걸음이 되는 경우가 많다. 특히 환자가 중년에 접어들어 결국 아무것도 남지 않는 자신의 도돌이표 관계를 돌아보았을 때 전문가의 도움을 받아서라도 이 불행한 악순환에서 벗어나고 싶다는 생각을 하게 될 것이다.

만일 환자가 그런 결심을 굳힌다면 당신이 곁에서 큰 도움을 줄 수 있다. 다만 노력하겠다는 그의 약속이 말뿐인지 아닌지 잘 살펴야 한다. 그가 자신의 잘못을 깨닫고 인정할 때에만 당신의 동행에도 의미가 있다. 자신은 지금껏 수많은 여성을 버려왔지만 당신만은 절대 자신을 버리지 않을 것이라 믿고 진정한 변화의 각오를 보인다면 그도 자존감 결핍과 열등감을 이겨낼 가능성이 없지 않을 테니 말이다.

요점 정리

○ 자기애성 성격 장애를 겪는 남성 중에는 자존감을 높이기 위해 '돈 후안'처럼 여성을 유혹하는 사람이 있다. 여성의 경우 같은 행동을 '님포마니아'라고 부른다.

○ 자신에게 매달리고 의존하는 상대는 승리의 전리품이다. 보통 이런 유형의 나르시시스트는 상대를 '가지면' 곧바로 관심을 잃고 만다.

○ 자기애성 성격 장애 환자는 대개 진정한 사랑을 모른다. 감정 자체를 나약함의 증거라고 생각한다.

○ 상대를 손아귀에 넣기 위해 철저히 계산된 유혹 작전도 마다하지 않는다.

○ 성행위 그 자체는 별로 중요하지 않다. 심지어 이들 중에는 발기가 아예 안 되는 사람도 많다. 이들에게 성은 힘과 우월함을 입증하기 위한 도구에 불과하다.

당신이 할 수 있는 일

☺ 자기애성 성격 장애 환자의 유혹에 넘어갔다 해도 자책하거나 죄책감을 느끼지 마라. 워낙 수법이 정교한지라 아무리 똑똑하고 경험 많은 사람이라 해도 처음부터 진짜 정체를 파악하기가 힘들다.

☺ 그런 사람과 사랑에 빠졌다가 그가 당신의 감정을 가지고 놀며 당신을 이용했다고 느껴지거든 무조건 믿을 만한 사람에게 사실을 터놓고 이야기해야 한다. 아직도 그를 사랑하고, 그런 자신이 부끄럽다 해도 귀 기울여 상대의 조언을 듣고 상대의 판단을 믿어보라.

☺ 나르시시스트 파트너에게 작별을 통보할 때는 최대한 믿을 만한 사람과 동행하는 것이 좋다. 그럼 그도 함부로 당신을 회유하거나 협박하지 못할 것이다.

☺ 전문가의 도움이 필요하면 망설이지 마라. 전문가와 대화를 나누다 보면 혼란스러운 감정의 원인을 파악할 수 있고 그의 손아귀에서 벗어날 전략을 모색할 수도 있다.

☺ 때로는 당신의 이별 통보가 큰 충격을 주어 환자가 올바른 판단을 내리는 데 도움을 줄 수 있다. 특히 환자가 중년에 접어들었다면 아무것도 남은 것 없는 삶과 관계에 심한 허무감을

느낄 것이다. 그 허무감이 심리치료를 받도록 그를 독려할 수 있다. 그러다 보면 그가 심리치료를 통해 자존감을 키우고 변화를 모색해보자고 결심하게 될 수도 있다.

8장

독한 말을 쏟아내는 냉혈한

쉰세 살의 여성 마를리스 포스너는 20년 넘게 의료보험 공단에서 근무했다. 주변 사람들은 모두 그녀를 "냉혈한", "속을 알 수 없는 사람"이라고 말한다. 고객이나 직장 동료에게 무례하게 군 적은 없지만 그렇다고 필요 이상으로 친절을 베푼 적도 없다. 그래서 한 직장에서 그렇게 오래 일했음에도 가깝게 지내는 동료가 한 사람도 없다. 그녀에게 호의의 손길을 내민 사람이 없지 않았지만 모두가 차가운 그녀의 거절에 놀라 손을 거두고 말았다.

그녀와 사무실을 같이 쓰는 여자 동료들은 다들 언니 동생 하는 사이다. 하지만 마를리스에게 언니라고 부르는 동료는 한 사람도 없다. 외톨이인 그녀가 안쓰러워 용기를 냈다가도 냉랭한 그녀의 얼굴을 보며 모두 입을 다물고 만다. 점심시간에 휴게실에 옹기종기 모여 수다를 떨다가 한 동료가 말했다.

"혼자만 노는 게 불쌍해서 언니라고 부르려다가도 보나마나 인상 팍 쓰면서 째려볼 게 뻔하니 무서워서 못 하겠어."

다른 동료가 맞장구쳤다.

"잘했어. 불쌍할 것도 없어. 혼자 다니는 게 더 편한 사람이야. 처음엔 엄청 싹싹한 줄 알았는데 그게 아니더라고. 어차피 아무한테도 관심 없어."

어린 신참 동료가 흥분한 표정으로 말했다.

"맞아요. 저는 멋모르고 같이 휴게실 가자고 했다가 한 방 먹었어요. 아니꼽다는 표정으로 차갑게 말하더라고요. 나는 여기 일하러 왔다. 수다 떨러 온 게 아니다! 어쩌나 창피하던지, 두 번 다시 상종하고 싶지 않아요."

마를리스의 차가운 태도는 직장 동료들에게만 국한된 것이 아니었다. 가족에게도 그녀는 '얼음장'처럼 차가웠다. 부모는 물론이고 두 살 터울의 여동생 엘스베트에게도 그녀는 거만한 태도로 일관했다. 엘스베트는 그동안 언니와 잘 지내보려고 무척 애를 썼지만 결국 포기하고 말았다. 얼마 전 쉰 살 생일을 맞이해 언니에게 생일파티 초대장을 보냈는데 이런 답장을 받았던 것이다.

"보고 싶지 않으니까 연락하지 마."

엘스베트의 남편은 그 답장을 보고 불같이 화를 냈다. 이 참에 처형을 만나서 아예 담판을 지으라고 말했다. 하지만 엘스베트는 손사래를 치며 괜찮다고 답했다. 언니의 '거만한 태도'에는 하도 이력이 나서 아무렇지도 않다고 말이다.

"대체 무슨 생각인지 알 수가 없어. 어쩌다 저 지경이 되었을까? 어떻게 하면 더 독한 말을 할까 고민하는 사람 같아. 내가 무슨 짓을 했다고 저러는 거지? 부모님이 언니를 야단 칠 때도 난 언제나 언니 편만 들었는데. 언니는 부모님께도 얼마나 건방졌는지 몰라. 아무리 야단을 치고 설득해도 '내 가 알아서 해' 하고는 횡 가버린다니까."

"아니, 처형은 왜 그래? 장모님과 장인어른이 너무 오냐오냐한 거 아냐? 버릇을 고쳐놔야지."

남편이 참견했다.

"안 해봤겠어? 소용없었어. 아버지가 야단을 치면 무슨 동물원 원숭이 쳐다보듯 뻔히 보면서 실실 웃는다니까. 아버지가 하도 억장이 무너져서 우신 적도 있어. 무슨 말을 하건 듣는 둥 마는 둥 하다가 '연설 다 했어? 지겨워죽겠네'라고 쏘아붙이고는 휙 가버려."

엘스베트는 한숨을 푹 쉬었다가 다시 입을 열었다.

"참 이상하지. 어릴 때는 안 그랬거든. 부모님 말씀이 어릴 때는 언니가 진짜 얌전했대. 말도 잘 듣고 착하고 똑똑해서 어디를 보나 모범생이었다고. 초등학생 때는 공부도 잘해서 친척들도 언니 칭찬에 입이 말랐어. 솔직히 말하면 그땐 언니가 얼마나 부러웠는지 몰라. 그런데 사춘기가 되면서 사람이 완전히 달라졌어. 갑자기 거만해지고 차가워졌거든. 어떻게 사람이 그렇게 돌변할 수 있는 걸까? 착하고 온순하던 사람이 모질고 못된 인간이 되어버렸어. 지금도 이유를 모르겠어. 반항심 때문인가 싶지만 왜 그런 반항심이 생긴 건지 모르겠거든. 아무 일도 없었는데 갑자기 온 세상을 향해 반항의 깃발을 치켜들었으니."

그로부터 6개월 후 자매는 실로 오랜만에 얼굴을 마주했다. 어머니가 갑자기 돌아가셨던 것이다. 마를리스는 어머니의 사망 소식을 듣고도 평소처럼 냉랭하고 사무적으로 반응했지만 어쨌든 장례식은 치러야 했기에 함께 장례를 진행하겠다고 동생에게 약속했다. 장례를 마치고 엘스베트는 잠깐 이야기 좀 하자며 언니를 붙들었다. 어머니의 죽음으로 마음이 심란했던지 평소와 달리 언니에게 거칠게 물었다.

"언니 얼굴 본 지가 몇 년 만인지 모르겠네. 가족하고 연 끊었어? 대체 이유가 뭐야?"

마를리스는 깜짝 놀라 아무 말도 못 하고 동생의 얼굴을 빤히 쳐다보았다. 지금껏 그녀에게 이런 식으로 대놓고 질문한 사람은 한 명도 없었기 때문이다. 게다가 말로는 어머니의 죽음이 하나도 슬프지 않다고 했지만 그녀도 사람인지라 마음이 몹시 어지러웠다. 그래선지 차갑고 비아냥거리는 태도로 울타리를 치던 그녀의 방어 메커니즘이 그날따라 말을 듣지 않았다.

마를리스는 잠시 숨을 고른 후 그녀답지 않게 눈에 눈물까지 글썽이며 큰 소리로 말했다.

"내가 왜 그랬는지, 왜 엄마랑 연을 끊고 살았는지 진짜

독한 말을 쏟아내는 냉혈한   **199**

로 알고 싶어? 아버지도 돌아가셨고 이제 엄마마저 세상에 없으니 난 진짜로 좋아. 두 사람 다 나한테는 아무 도움도 안 됐거든. 어릴 때부터 나는 부모님이 시키는 대로 살았어. 부모님은 내가 어떤 사람인지, 뭘 원하는지 알고 싶어 하지 않았어. 그저 친척들한테 자랑하려고 날 이용했지. 그래서 난 망가졌어. 그게 연을 끊은 이유야."

엘스베트는 언니의 입에서 나온 전혀 뜻밖의 말에 큰 충격을 받았다.

"그럼 왜 진작 얘기하지 않았어? 엄마가 얼마나 힘들어 했는지 알아? 언니한테 무슨 잘못을 했을까 얼마나 고민했는데. 마지막 순간까지 죄책감에 시달렸어. 엄마가 그렇게 편지를 보냈는데 어떻게 답장 한 통을 안 해?"

잠깐 흥분했지만 마를리스는 이내 평소의 모습을 되찾았다. 그녀는 차갑고 비아냥대는 말투로 대답했다.

"오, 그래? 그렇게 죄책감을 느끼면서 자기가 뭘 잘못했는지는 몰라? 저런, 우리 엄마 불쌍해서 어떻게 해! 그래서 나보고 용서하라고? 절대 안 되지. 나한테 한 짓 때문에 고통스러워했다니 그나마 다행이네. 그까짓 편지 몇 통으로 내가

넘어갈 줄 알았어? 흥, 착각도 유분수지. 그건 안 되지. 더는
싫어."

이 말과 함께 마를리스는 벌떡 일어나 인사도 없이 가버
렸다. 여동생은 황당한 표정으로 언니의 뒷모습을 지켜보았
다. 그 후로도 한참 동안 언니가 내뱉은 마지막 말이 머리에
서 떠나지 않았다.

'더는 싫어.'

"더는 안 돼." 마를리스 포스너는 이 말을 인생의 모토로 삼았다. 어릴 적 그녀는 부모의 기대에 부응하기 위해, 부모가 원하는 '모범적인 아이'가 되기 위해 사력을 다했다. 그러느라 자신을 보살피고 가꿀 여력이 없었다. 결국 그녀는 자신이 누구인지, 어떤 사람인지조차 알 수 없게 되었다.

이런 사람들의 성장 과정은 되풀이되는 실망으로 점철되어 있다. 아이는 부모의 기대를 이루기 위해 열심히 노력하지만 이 모든 노력이 아이가 갈망하는 것을 가져다주지 못한다. 아이는 성적이 좋지 않아도 있는 그대로 사랑받기를 바라지만 그 사랑이 돌아오지 않아 실망한다. 실망은 더한 노력으로 이어지고, 노력은 다시 더 큰 실망을 낳는다.

마를리스가 오랜 세월 만들어온 겉모습을 정신분석학자 도널드 위니콧Donald Winnicott은 "가짜 자아"라 불렀다. 어린 시절 그녀가 밖으로 보여준 모습은 자신이 아니라 부모가 원하는 사람이었다. 이런 아이들이 겪는 비극은 진짜 자아를 찾지 못하는 것에서 멈추지 않고 아무리 노력하고 또 노력해도 결국 부모의 기대를 다 채워줄 수 없다는 데 있다.

마를리스도 어릴 적 그런 아이였다. 부모에게 인정받고 사랑받을 것이라는 희망에 부풀어 그녀는 자신의 욕망을 억압했고, 결국 자기 자신을 느끼지 못할 지경에 이르렀다. 하지만 부모님은 한 번도 진정으로 만족한 적이 없었다. 그녀가 무슨 짓을 해도 부모님은 만족하지 않았다. 아직 어려서 정확히 이해하진 못했지만 그녀의 마음 저 깊은 곳에선 자신이 너무나 혹독한 대가를 치렀고, 그럼에도 부모님의 무조건적인 사랑을 결코 얻지 못할 것이라는 예감이 꿈틀거렸다.

그렇게 그녀의 마음에서 괴로움과 무력함에 대한 분노가 점차 자라났다. 사춘기가 되자 분노는 걷잡을 수 없이 커져 그녀의 삶을 완전히 집어삼켜 버렸다. 여동생이 남편에게 말했듯 마를리스는 이 시기에 건방지고 차가운 태도로 일관했다. 아마 되풀이되는 상처를 피하기 위해서였을 것이다. 그리고 언젠가부터는 세상 그 누구와도 마음을 주고받는 가까운 관계를 맺지 않겠다고 다짐했다.

그랬기에 그녀는 어머니가 애타게 연락했음에도 단 한 번도 답장하지 않았다. 여동생에게 털어놓았듯 그녀는 어머니를 괴롭히고 싶었다.

"너무 늦었어."

어머니의 편지를 받은 날이면 그녀는 승리의 기쁨과 쓸쓸함이 뒤섞인 마음으로 혼잣말을 했다.

"더는 안 돼. 이제 와 용서를 구하고 화해를 청해? 날 있는 그대로 인정하기가 그렇게나 힘들었어? 갚아주겠어. 당신들에게, 온 세상에. 꼭 받은 만큼 돌려주겠어."

많은 자기애성 성격 장애 환자가 이런 생각을 한다. 그것이 자신에게도 득이 되지 않는다는 사실을 잘 알지만 그들에겐 무조건적인 사랑과 인정을 주지 않았던 세상에 복수하는 것이 다른 그 무엇보다도 중요하다. 더구나 이런 냉담한 태도로 일관하면 괜히 기대했다가 실망하고 마음 다칠 일이 더는 없다.

마를리스처럼 분노가 바탕에 깔린 냉정하고 차가운 태도는 이렇게 탄생한다. 하지만 이들의 분노는 흥분하여 터뜨리는 격한 화가 아니라 상대의 가장 아픈 지점을 정확하게 골라 찌르는 차가운 공격이다. 마를리스의 여동생 엘스베트도 말하지 않았는가. "어떻게 하면 더 독한 말을 할까 고민하는 사람 같아."

마를리스의 이야기를 읽는 동안 당신은 당신의 가족이나 동료를 떠올렸을지 모른다. 그들에게서 마를리스와 똑같은 거리감과 냉담함을 느꼈을 것이다. 어쩌면 당신 역시 엘스베트가 어머니의 장례식을 마치고 언니와 마주했을 때처럼 냉담하고 차가운 겉모습 뒤에 숨겨진 그의 상처 입은 마음과 분노를 얼핏 보았을 수도 있다. 그리고 환자에게 왜 진즉 말하지 않았냐고 물었을지 모른다. 그러면 아마 마를리스의 대답과 별반 다르지 않은 말을 들었을 것이다. 더이상 사랑과 연민을 바라지 않는다고, 이미 너무 늦었다고 말이다.

그런 모진 말을 듣고 당신은 큰 충격을 받았을 수 있

다. 다시 가까워질 수 있는 한 톨의 가능성마저 철저히 차단해버리는 말이기 때문이다. 당신은 단 한 번도 가족이나 친구를 탓하거나 비난한 적이 없었다. 오히려 항상 그를 지지해주었고 조건 없이 사랑했다. 그런데 그 대가가 이런 모진 말이라니! 고대 나르키소스 신화 역시 비슷한 상황을 이야기하고 있다. 나르키소스는 그를 숭배하고 갈망하는 모든 존재를 차갑게 내치거나 죽음으로 내몰았다.

그런 거절이 너무 가슴 아프기 때문에 당신은 이렇게 생각할 수 있다. '나도 더는 싫어!' 나르시시스트가 어린 시절에 입은 상처를 왜 당신이 보상해주어야 하는가? 당신은 그를 무조건적으로 사랑하는데, 그는 왜 그것으로 만족하지 못할까? 절대 그는 그림자를 뛰어넘고 상처를 치유할 수 없는 걸까?

이런 생각을 하는 것이 너무나 당연하다. 하지만 마를리스의 행동을 분석해보면 자기애성 성격 장애 환자는 어린 시절에 경험한 상처가 너무 깊어서 상처받고 상처 주는 악순환에서 도저히 빠져나올 수가 없다. 악순환의 고리에 꽉 붙들려 있기에 거만하고 차가운 태도를 유지해야만 또 다시 상처받지 않을 것이라고 굳게 믿는다.

당신은 절로 고민에 빠질 것이다. 그런 사람과 계속 관계를 유지할 것인가? 너무 안타깝고 안쓰럽지만 당신 자신을 보호하는 것이 먼저다.

헤어지는 게 너무 매정한 일 같아도 당신이 얼마나 그 관계를 참고 견딜 수 있는지 현실적으로 판단해야 한다. 진지한 대화를 청해도 상대가 계속 거부하고 비아냥거린다면 당신도 결국 지치고 큰 상처를 받을 것이다. 어느 순간 헤어지는 것밖에 방법이 없다는 결론에 이르더라도 결코 잘못된 판단이 아니다.

당연히 당신은 그와 헤어질 권리가 있다. 하지만 자기애성 성격 장애 환자는 헤어지자는 말에 순순히 응할 사람이 아니다. 상대에게 죄책감을 불러일으키는 재주라면 그들을 따라올 자가 없다. 환자는 당신이 자신을 '궁지에 빠뜨려' 절대 회복되지 않는 상처를 안겼다고 비난하고, 당신도 믿을 수 없는 인간이라는 것을 진즉부터 알고 있었다고 공격하며 승리의 미소를 지을 것이다.

물론 환자가 겉으로는 거만하고 차갑게 행동한다 해도

노력한다면 당신에게 마음을 열 수도 있다. 당신의 가족이나 친구가 그럴 수 있는 사람이라고 생각되거든 그리고 그가 당신에게 정말로 소중한 사람이거든 겉으로 차갑게 군다 해도 마음이 다칠 이유가 없을 것이다. 그의 변덕과 조작에 놀아나지 말고, 거만하고 차가운 그의 겉모습에 주눅들지 말고 꾸준히 그에게 연대감과 애정을 보여야 한다. 적당한 거리를 유지하면서 당신과 환자 모두의 건강을 챙겨야 한다.

또 포기하지 말고 계속 환자에게 치료를 독려해야 한다. 지금 당장은 화를 내고 짜증을 부리겠지만 언젠가는 걱정하는 당신의 마음을 읽어줄 날이 올 것이다.

환자와의 관계가 너무 힘들고 고단하다면 당신도 전문가에게 도움을 받아야 한다. 환자가 절대 안 된다고 말리더라도 포기하면 안 된다. 자기애성 성격 장애 환자들은 가족이 전문가의 도움을 받고 싶다고 말하면 불같이 화를 내는 경우가 많다. '사적인' 일을 외부인에게 알리는 것이 싫기도 하거니와 치료가 지금의 관계에 부정적인 영향을 미칠 수 있기 때문이다. 심리치료사가 환자와 헤어지라고 권유할 수도 있을 것이다. 또한 자신의 자존감을 지키기 위해 권력을 행사는 환자에게는 자기 뜻대로 하겠다는 가족의 결정이 패배로 느껴질 것이다. 그러니 심리치료가 필요하다고 판단되거든 굳이 환자에게 알리지 말고 혼자서 적당한 치료사를 찾아보자. 당신의 건강과 행복이 달린 문제다. 환자에게 휘둘리지 마라.

물론 심리치료를 받는다 해도 "당장 헤어지세요!"라고 권할 치료사는 없다. 그런 결정은 당신만이 내릴 수 있다. 하지만 전문적인 상담을 통해 그동안 자신이 얼마나 고통받고 있었는지를 깨닫고 마침내 이별을 결심하는 경우가 적지 않다.

요점 정리

○ 자기애성 성격 장애 환자는 '얼음처럼 차가운' 겉모습으로 실망과 나약한 심성을 숨기려 애쓴다.

○ 그들은 어린 시절에 입은 상처를 너무 심각하게 받아들여 세상에 분노하고 반항한다. 그들은 외친다. "더는 싫어!"

○ 그런 식의 태도는 환자와 관계를 개선하려는 가족이나 친구의 노력에 찬물을 끼얹는다.

당신이 할 수 있는 일

☺ '더는 싫다'는 환자의 말에 너무 휘둘리지 마라.

☺ 비아냥대며 냉담하게 구는 환자의 태도가 너무 견디기 힘들다면 전문가를 찾아 도움을 청하라.

☺ 환자가 심리치료를 받지 말라고 말리더라도 굴복해서는 안 된다. 당신의 건강이 무엇보다 중요하다.

9장

끊을 수 없는 권력의 맛

지몬 드라이어는 대기업의 대표다. 이름난 대학교 경영학과를 우수한 성적으로 졸업한 후 지금의 회사에 입사했다. 이후 남들이 부러워할 정도의 가파른 출셋길을 달려 마침내 나이 50에 대표 자리에까지 올랐다.

많은 동료가 그의 화려한 이력과 열정적인 직업의식을 부러워한다. 지몬은 제일 먼저 출근하고 제일 나중에 퇴근한다. 대표 임명식 자리에서 그는 임원들에게 이렇게 통고했다.

"불통은 있을 수 없어요. 주말도, 휴가 때도 연락이 가능해야 합니다. 1년 열두 달 전화와 이메일을 열어두세요."

평사원들 역시 열정적인 대표를 무척 존경했지만 한편으로는 무서워하기도 했다. 대표가 직원들의 개인적인 사정을 절대 봐주지 않기로 유명했기 때문이다. 얼마 전에는 한 장기근속 직원을 중국 지사로 발령 냈다. 중국 지사에 다녀온 사람은 반드시 승진하기 때문에 직원 입장에서는 엄청 반길 일이었지만 그에게는 개인적인 사정이 있었다. 아내가 투병 중인 데다 아이들이 아직 어려서 가족을 두고 혼자 외국에 갈 수가 없었던 것이다.

사정을 설명하며 발령을 재고해달라고 요청하는 직원에게 지몬은 불호령을 내렸다.

"회사 지시를 따르지 않을 거면 그만두세요. 우리 회사는 불만 많은 직원은 필요 없어요. 오늘부로 해고입니다."

그런 식의 일 처리가 직원들의 사기를 떨어뜨리고 소송 같은 골치 아픈 문제를 일으켰음에도 지몬은 아랑곳하지 않았다. 그 누구도 그의 말을 거역할 수 없었다. 무소불위의 권력, 그에겐 그것이 가장 중요했다.

회사에서 그 사실을 모르는 사람이 없었으므로 누구도 감히 대표의 말을 거역하지 못했다. 최측근들조차 대표와 다른 의견을 입에 올릴 때는 극도로 조심해야 했다.

"이런 가능성도 있으니 생각을 좀 더 해보시는 게 좋을

듯합니다만……."

하지만 그런 조심스러운 권유조차도 그의 분노를 유발
하기 일쑤였다.

"내가 그 생각을 안 해봤을 것 같아요?"

"지금 날 가르치자는 거예요?"

이 정도는 순한 편이었다. 화가 나서 길길이 날뛰다가 의
견을 낸 직원을 방에서 쫓아낸 적도 있었다.

그렇다 보니 지몬 주변엔 박수 치고 아부하는 사람들밖
에 남지 않았고, 늘 분위기가 살벌했다. 지몬이라고 그걸 모
를 리 없었다. 하지만 그는 불안에 떠는 부하 직원들을 보고
도 당황하거나 고민한 적이 없었다. 직원들의 눈빛에 불안이
어리면 오히려 엄청난 만족감을 느꼈다. 그들의 불안은 곧
그의 권력이 무소불위라는 증거였으니까.

이런 극단적인 권력 추구는 지몬의 일생을 관통하는 키
워드다. 부모님은 아들의 성공에 모든 것을 걸었다. 아버지
는 뼈 빠지게 일해 중소기업의 임원이 된 인물이다. 그래서
아들만큼은 대기업에 들어가 자신보다 더 성공하기를 바랐
고, 어릴 때부터 아들의 성적에 큰 관심을 기울였다. 아들이

아무리 좋은 성적을 받아와도 만족하지 못했다.

"아무리 전교에서 1등을 해도 다른 학교에는 너보다 잘하는 아이가 있을 거야. 그러니 더 노력해야지."

어머니도 다르지 않았다. 성적이 조금만 떨어지면 불호령이 떨어졌다.

"그렇게 게을러서 어디다 써먹겠어? 내가 어쩌다 저런 바보를 낳았을까?"

어릴 때부터 지몬은 혹시 실수해서 부모님을 실망시킬지도 모른다는 불안에 떨며 살았다. 가끔 너무 지칠 때면 자신이 부모님에게 짐만 되는 쓸모없는 자식이라는 생각이 들기도 했다. 그래서 더욱 미친 듯이 공부에 매진했고, 그렇게 노력하면 인정과 사랑을 받을 수 있을 것이라 믿었다. 하지만 아무리 노력해도 소용없었다. 그는 평생 '아무 소용 없는 무능한' 아들이었다.

그럴수록 지몬은 더욱 힘 있는 자리에 오르고 싶었다. 높은 자리에 올라서 세상을 내려다보며 권력을 휘두르고 싶었다. 시간이 날 때마다 그는 그런 꿈을 꾸었고, 대기업의 대표가 된 자신을 상상했다.

실제로 그는 대학을 마치고 지금의 회사에 들어와 가파른 승진의 사다리를 올랐다. 그리고 그토록 꿈꾸던 최고의 자리를 쟁취했다. 하지만 돌아온 것은 약간의 존경뿐, 그가 진정으로 바라던 인정과 사랑은 얻지 못했다. 부하 직원들은 그를 무서워했고, 최대한 피하려 했다.

더구나 지몬 자신이 스스로에게 만족하지 못했다. 예전에는 부모님이 그랬다면 지금은 그가 자신을 비판했고, 최고의 자리에 올랐음에도 아직 부족하다며 자신을 몰아세웠다. 그가 부하 직원들에게 과도한 요구를 하는 이유도 거기에 있었다. 옛날에 부모님이 그를 괴롭혔듯 그는 직원들을 들들 볶았다. 자신이 왜 그러는지 이유는 몰랐지만, 권력을 향한 자신의 노력이 자괴감과 회의를 보상하기 위한 전략이라는 사실은 그도 알았다.

대기업의 대표가 된 지금도 부족한 자존감은 되살아나지 않았다. 뛰어난 능력에도 자부심을 느끼지 못했고 찬란한 성공에도 만족하지 못했다. 더구나 몇 달 전부터는 주변에 아무도 없다는 외로움이 뼈저리게 다가왔다. 업무상 약속이 많았고 이런저런 행사에 계속 불려 다녔으나, 이상하게도 사람들 속에 있을 때 오히려 더 고독하고 외로웠다.

결혼은 했지만 오래가지 못했다. 아내는 2년 후 이혼을 통보했다.

"당신 눈엔 내가 안 보이지? 난 당신 집 가구하고 다를 게 없어. 마음에 들어서 사놓고 필요 없으면 잊어버리는 거지. 내가 무슨 생각을 하는지 당신은 관심도 없어. 늘 냉정하고 계산적이지. 난 아직도 당신이 어떤 사람인지 모르겠어. 2년을 함께 살았는데 여전히 처음 만난 날처럼 낯설고 어색해. 난 사람하고 살고 싶어. 잘 돌아가는 기계하고 살고 싶은 게 아니라."

지몬은 아내의 말을 듣고 당황했다. 지금도 아내가 무슨 말을 하고 싶었던 것인지 알 수가 없다. '나는 잘못한 게 없는데 왜 저럴까? 대체 나더러 어쩌라는 거야?' 그는 그렇게 생각했다. 아내와 헤어지는 덴 아무 문제도 없었다. 다만 소송 과정이 성가셨고, 아내에게 위자료를 주라는 판사의 판결에 화가 날 뿐이었다. 그는 위자료를 주지 않기 위해 유능한 변호사를 고용했다. 돈은 중요하지 않았다. 굴복하지 않는 것, 그것이 가장 중요했다.

"하늘이 두 쪽 나도 위자료는 절대 못 줘요. 내가 왜 무릎을 꿇어야 해? 이런 자리에 있는 내가 왜 저따위 여자한테 굴복을 해?"

결과는 그의 '패배'였다. 아내에게 준 얼마 안 되는 위자료를 그는 '패배'라고 느꼈다. 하지만 그것도 잠시, 아내와 살았던 시간이 떠오를 때면 그는 이렇게 생각했다. '지나간 건 지나간 거야. 어쨌든 해방되었으니 얼마나 좋아.'

그런데 몇 달 전부터 이상하게 외로웠다. 주말까지 하루에 열다섯 시간 이상씩 일하고 집으로 돌아오면, 모두가 부러워하는 그 호화로운 저택은 텅 비어 있었고, 마음은 그 무엇으로도 채울 수 없는 구멍이 뻥 뚫린 기분이 들었다. 애인도 없고 친구도 없고 부모님과는 명절에 얼굴 보는 게 전부다. 마음을 나누는 사람은 하나도 없다. 그는 황금 새장에 사는 불쌍한 새였다. 회사에서 아무리 권력을 휘둘러도 그의 마음엔 적적함과 외로움만 가득했다.

지금까지 살펴보았듯 자기애성 성격 장애의 핵심 문제는 심각한 자존감 결핍이다. 그래서 환자는 무슨 일이 있어도 자신의 무능과 무력함을 마주하지 않으려고 기를 쓴다.

그 방법 중 하나가 권력 행사다. 앞서 소개한 정신분석 학자 비르트는 권력자의 심리를 집중 연구하여, 파렴치한 그들의 행동에는 두 가지 뿌리가 있다고 주장했다. 즉 양심 없는 그들의 행동은 "권력의 수단을 마음껏 사용할 수 있는 객관적 가능성과 힘이 세다는 주관적 느낌"[24]에서 나온 다는 것이다. 나르시시스트들은 자존감 결핍을 보상하기 위해 권력을 추구하며, 권력을 휘두를 수 있는 실질적인 가능성을 과대망상에 가까울 정도로 과도하게 생각한다. "권

력은 마약과 같다. 자기 회의가 날아가고 자의식이 솟구
친다."[25]

지몬 드라이어의 상황은 머리가 총명하고 사회성이 좋
아서 높은 지위에 오른 자기애성 성격 장애 환자에게서 흔
히 볼 수 있는 모습이다. 이들은 권력으로 자괴감과 무력감
을 보상하려 애쓴다. 실제로 어느 정도까지는 그 노력이 효
과가 있다. 특히 출세의 사다리를 한 칸 한 칸 오르는 동안
에는 모든 초점이 성공에 맞춰지므로 마음 깊은 곳에 자리
한 무력감과 자괴감을 잠시 잊을 수 있다. 성공을 통해 패
배자라는 마음의 목소리를 다독일 수 있는 것이다.

하지만 이런 식으로는 아무리 노력해도 그 목소리를
완전히 잠재울 수는 없다. 지몬 같은 사람들은 진정으로 바
라는 것을 얻지 못한다. 어릴 적부터 그들은 무조건적인 사
랑과 인정을 갈망했다. 하지만 극단적일 정도로 권력을 추
구하고 과시하면서 오히려 참새를 쫓듯 사람들의 사랑과
인정을 쫓아버린다. 사람들은 그를 사랑하지 않는다. 그를
겁내고 그에게서 멀어지려 한다.

그들의 인간관계는 지몬의 아내가 이혼을 결심한 후

뱉어낸 말들로 총정리가 가능하다. 자기애성 성격 장애 환자는 실제로 주변 사람들을 가구 취급한다. 마음에 들거나 필요할 때는 소중히 다루지만 그렇지 않을 땐 있는지 없는지조차 모르고 산다. 하지만 지몬은 '잘못한 게' 없다고 생각하므로 아내의 비난을 도무지 이해할 수가 없다. 문제는 바로 거기에 있다. 자기애성 성격 장애 환자에게 정서적인 유대와 공감은 알 수 없는 차원의 일이다. 특히 성공 가도를 달릴 때 그들은 잘 돌아가는 기계와 다를 바 없기에 자신이 얼마나 외로운 처지인지를 전혀 깨닫지 못한다.

하지만 '최정상'에 도달한 순간 깊디깊은 외로움이 밀려온다. 더는 오를 곳이 없는 성공의 왕좌에 오른 뒤에야 얼마나 자신의 삶이 공허하고 허무한지 깨닫는 순간이 찾아온다. 겉보기엔 원하는 모든 것을 이루었다. 돈도 많이 벌었고 큰 집과 외제 차, 요트도 샀고, 정계와 재계의 위대한 제국에서 엄청난 신하들을 다스린다. 그러나 그 모든 것도 만족과 평안을 주지 못한다. 지몬이 그러했듯 개인적인 관계는 끊어진 지 오래다. 넘쳐나는 물건과 하늘을 찌를 듯한 권세도 자신이 황금 새장에 갇혀 굶어 죽어가고 있다는 깨달음을 가려주진 못한다.

6장에서도 말했듯 바로 이런 순간이 예상치 못했던 자살 소식이 들려올 수 있는 시점이다. 아무리 생각해도 목숨을 끊을 이유가 없다. 엄청나게 성공해서 남들이 다 부러워할 인생을 살고 있다. 그래서 자살의 이유로 '번아웃'이 거론되기도 한다. 일을 너무 많이 해서 심신이 지쳤다는 것이다. 진짜 그의 속내가 어떠했으며 자살의 진짜 이유가 무엇이었는지는 가까운 몇 사람밖에 알지 못한다.

가파른 출셋길에 그늘을 드리운 작은 위기가 자살의 이유가 되기도 한다. 옆에서 보기엔 사소한 실수나 갈등이지만 당사자는 자기 인생 전체가 무너졌다고 느낀다. 그는 출세와 성공에 모든 것을 걸었다. 이것에 문제가 생기면 그의 세상 전체가 와르르 무너질 것이다. 쉴 틈 없는 스케줄과 중요한 프로젝트가 사라진 인생은 살 가치가 없는 것이다.

얼마 전에도 대기업의 최고경영자가 자살했다는 소식을 들었다. 몇 달 전 '실적 부진'을 이유로 자리에서 물러난 후 뉴스의 표현대로 "권력 상실"을 겪었다. 그래서 우울증을 앓았고 사람들을 거의 만나지 않다가 결국 스스로 목숨을 끊었다.

물론 당신의 가족, 상사, 동료의 삶은 그 정도까지 극
단적이지 않을 것이다. 그래도 당신은 지몬의 이야기를 읽
으며 강한 기시감을 느꼈을지 모른다. 당신 역시 열심히 일
해 성공한 그를 존경하면서도 인정사정없이 권력을 휘두를
때는 그가 두렵기도 할 것이다. 그래서 권력을 최우선 목표
로 삼는 나르시시스트의 가족과 친구는 감정의 롤러코스터
를 탈 때가 많다.

많은 자기애성 성격 장애 환자가 지몬처럼 어릴 적에
아픈 경험을 했고, 다방면으로 오래오래 상처를 받았다. 그
리고 이로 인해 낮아진 자존감을 과도한 권력욕으로 보상
하려 한다. 권력을 통해 어릴 적 받지 못했던 사랑과 인정
을 얻을 수 있을 것이라 믿기 때문이다. 그렇다고 해서 그
들의 행동이 옳다는 말은 절대 아니다. 그들이 왜 권력을
탐하는지 그 이유를 안다고 해서 그들의 행동을 인정해야
하는 것은 아니다. 그들의 행동은 주변 사람에게 상처를 주
고 결국 자기 자신에게도 해가 된다. 따라서 당신이 그런
관계로 고통받고 있다는 사실을 깨닫거든 지체하지 말고

자기방어에 힘써야 한다. 나르시시스트가 힘든 상황에 놓여 있다는 사실을 이해한다고 해서 무조건 당신이 다 참고 견뎌야 하는 것은 절대 아니다.

문제는 그가 사회적 인정과 성공을 바라는 당신의 욕망을 이용해 당신을 꼼짝 못 하게 만들 수도 있다는 것이다. 그렇게 대단하고 카리스마 넘치는 사람을 상사나 친구로 삼을 수 있다니! 당신은 그것만으로도 기분이 좋고 '뭔가 특별한 사람'이 된 것 같은 느낌을 받는다.

만일 그렇다면 당신은 지금 '스타'의 후광을 바라며 코헛[26]이 말하는 '이상적 대상'을 찾는 역학 관계에 빠진 것이다. 마치 어머니와 아버지를 찾아 헤매는 나르키소스와 같다. 나르시시스트 상사는 부하 직원에게 이상적인 대상이 될 수 있다.

정계와 재계에는 그런 역학 관계가 수두룩하다. 카리스마 넘치는 지도자가 한 무리의 추종자들을 거느린다. 그들은 나르시시스트 지도자에게 충성을 바치고 조건 없이 복종하면서 지도자의 부정적인 측면에 애써 눈을 감는다.

이 추종자들이 제일 중요하게 생각하는 점은 카리스마

넘치는 지도자와 가깝게 지낸다는 이유로 주변 사람들의 존경과 인정을 받는 것이다. 나르시시스트 상사는 이런 욕구에 부응하면서 추종자들을 자기 곁에 묶어둔다. 추종자들이 결핍을 메우기 위해 이용하는 '자기 대상'[27]이 기꺼이 되어주는 것이다. 나르시시스트 지도자는 추종자들이 절대 자신을 포기하지 않을 것이라는 사실을 알기에 그들을 마음대로 지배할 수 있다.

그러나 막상 자신이 추종자 중 한 사람이라는 것을 인정하기란 쉽지가 않다. 그러자면 어느 정도 자기비판이 필요하고, 수치심을 이겨내야 한다. 자신이 권력자의 후광을 바라며 권력자에게 빌붙어 사는 사람이라고 생각되면 무척 창피할 것이다. 권력자가 자신의 자존감을 회복하는 데 중요한 사람일수록 그 사실을 인정하기가 더 힘들다.

자신이 그런 관계에 빠져 있다는 사실을 깨닫는 가장 좋은 방법은 주변의 지적이다.

"왜 그런 사람을 계속 만나?"

"상사가 그 모양인데 왜 사표를 안 내는지 난 도무지 이해가 안 돼."

주변에서 이런 충고를 하거든 흘려듣지 말아야 한다. 그 사람이 보기엔 당신의 관계가 일반적이지 않은 것이다.

주변에서 당신의 친구나 상사에 관해 이런 식으로 말하거든 귀 기울여 듣고 과연 당신이 그런 파괴적인 관계를 맺고 있는지 곰곰이 따져보아야 한다. 자기비판적 성찰이 보다 현실적으로 상황을 파악하도록 돕고, '존경의 대상'을 다르게 볼 수 있는 눈을 열어줄 것이다. 관계를 그대로 유지할 것인가 아니면 거리를 둘 것인가는 다양한 요소에 따라 달라진다.

일 때문에 나르시시스트를 만났다면 거리를 두기가 쉽지 않을 것이다. 상사나 동료가 나르시시스트라는 이유로 고액 연봉과 명예를 포기해야 하나? 아니, 아무리 돈이 좋고 명예가 좋다지만 나의 건강과 행복이 우선 아닐까? 그렇게 판단된다면 직장을 옮겨야 할 것이다.

혼자서는 아무리 고민해도 결론이 나지 않고 친구나 가족과 이야기해봐도 시원한 해결책을 찾을 수 없을 땐 망설이지 말고 전문가를 찾아가 도움을 받아야 한다. 심리치료를 통해 자신의 결핍과 상처를 들여다보고, 자신을 지키는 방법을 배울 수 있을 것이다. 필요하다면 상처 없이 나르시시스트와 결별하는 방법도 찾을 수 있을 것이다.

요점 정리

○ 무소불위의 권력을 휘두르는 것은 자기애성 성격 장애 환자들이 무너진 자존감을 보상하기 위해 사용하는 한 가지 방법이다.

○ 머리가 좋고 사회성이 뛰어난 경우 나르시시스트라 해도 정계나 재계의 높은 자리까지 오를 수 있다.

○ 그런 사람은 주변 사람들에게 절대적인 복종을 요구하고 자신과 다른 의견을 허락하지 않는다.

○ 하지만 그렇게 권력을 휘두른 대가로 그들 주변에는 아무도 남지 않는다.

당신이 할 수 있는 일

☺ 자신의 부족한 자존감을 채우기 위해 카리스마 넘치는 나르시시스트에게 끌려다니고 있진 않은지 솔직하게 따져보자. 만일 그렇다면 전문가에게 도움을 청해 얼른 그 관계에서 벗어나야 한다.

☺ 상사가 나르시시스트라면 경제적인 이유 때문에 그 회사에 남을 것인지, 아무리 돈이 중요해도 참지 못할 것 같은지, 그것도 점검해보자.

10장

지나친 겸손은 오히려 독이 된다

50대 후반의 여성 도로테 무터는 도서관 사서다. 지난 삶을 돌이켜보건대 평생 그녀의 소망은 단 하나뿐이었다. 남의 눈에 띄지 않는 것! 어릴 때부터 그녀는 극도로 소심하고 조용했다. 학교에서 선생님이 발표나 책 읽기를 시키면 고문이 따로 없었다. 지레 못할 것이라고 걱정하다가 진짜로 버벅거리거나 책을 잘못 읽었다. 목소리도 작아서 반 친구들이 안 들린다고 화를 내기도 했다.

당연히 학교 다니는 내내 왕따였다. 친구들은 그녀를 놀리고 괴롭혔다. 그래도 도로테는 한 번도 저항하지 못했다. 중고등학교 때는 반에서 없는 아이였다. 아무도 그녀의 존재를 신경 쓰지 않았다.

부모님은 소심하고 어리바리한 딸이 한심해서 좋은 말로 타이르기도 하고 야단도 치며 자신감을 불어넣어 주기 위해 애썼다. 하지만 그럴수록 딸은 더욱더 소극적으로 변했다. 부모님이 야단칠 때마다 도로테는 울면서 말했다.

"다 제가 잘못했어요."

도로테는 평생 살 가치가 없는 사람이라는 생각에 시달렸다. 극심한 열등감이 그녀를 괴롭혔다.

전공을 택할 때도 사람을 많이 만나는 분야는 아예 제쳐두었다. 어릴 적부터 책을 좋아했기 때문에 그녀는 도서관 사서가 되자고 결심했다. 도서관에 찾아온 사람들이 말을 붙이면 어떻게 하나 겁이 났지만 그래도 그녀는 관련 학과를 무사히 졸업했고, 다행히도 작은 도서관에 일자리를 구했다. 일은 아주 만족스러웠다.

하지만 아무리 나이가 들어도 소극적인 성격과 낮은 자존감은 변함이 없었다. 오래 근무했으니 도서관 일이라면 모르는 것이 없고, 도서관에 온 사람들이 무엇을 요청해도 정성을 다해 해결해주었지만 자신은 여전히 모자라고 서툴다고 굳게 믿었다. 그녀는 그림자처럼 조용히 도서관을 오갔다. 동료 직원 두 명과 도서관을 찾아온 사람들에게 폐를 끼쳐선 안 된다는 생각뿐이었다.

안 그래도 있는 듯 없는 듯한 사람이 옷차림마저 칙칙했다. 그녀는 항상 회색 아니면 검은색 치마와 카디건만 입었다. 세월이 흐르면서 희끗희끗해진 머리는 뒤로 꽉 묶고 다녔다. 학창 시절 별명처럼 그녀는 정말로 '회색 쥐'처럼 보였다.

게다가 겸손이 과했다. 손님이 조금만 칭찬해도 얼굴이 빨개지며 손사래를 쳤다.

"당연히 제가 해야 할 일인데요, 뭘."

일이 조금만 지체되어도, 질문에 바로 대답하지 못해도 연신 사과했다. 듣기 좋은 노래도 한두 번이지, 입만 열면 미안하다고 사과를 해대니 매일 마주하는 동료들은 짜증이 났다. 사과할 필요 없다고 아무리 말해도 그녀는 달라지지 않았다. 사과하고 나면 사과한 자신이 부끄러워 어쩔 줄 몰라 했다.

'다 내 잘못이야. 난 쓸모없는 인간이야.'

하루를 마치고 잠자리에 들 때면 절로 그런 울적한 생각이 솟구쳐 올랐다. 그럴 때마다 그녀는 '회색 쥐'가 아니라 만인의 존경과 사랑을 받는 성공한 자신의 모습을 상상했다. 상상 속 그녀는 실수할까 봐 전전긍긍하는 도서관 사서가 아니었다. 그녀는 인기 있는 휴양지의 유명한 5성급 호텔을 관리하는 지배인이었다. 정계, 재계, 예술계, 연예계의 유명 인사들이 그녀의 호텔을 찾았다.

그곳에서 그녀는 모든 행사의 중심에 있었다. 모두가 감탄하는 아름답고 우아한 여성. 그녀는 호텔을 찾은 유명인 사이를 자연스럽게 오가며 인사를 하고 지시를 내렸다. 얼굴에는 항상 은은한 미소를 띤 채 직원들의 존경과 손님들의 칭찬을 흠뻑 받았다.

도로테가 좋아하는 또 다른 상상에서 그녀는 세계 최고봉을 모조리 정복한 여성 등반가였다. 그녀는 토크쇼와 강연을 통해 자신의 경험담을 소개했고, 홀린 듯 그녀의 말에 귀기울이는 관중들을 보며 즐거워했다. 그녀는 특히 자신의 등반 여정을 기록한 다큐멘터리를 몹시 자랑스러워했다. 세계 각국의 최고봉을 오르는 그녀를 1년간 밀착 취재해 제작한 영상이었다.

물론 자신이 자주 그런 상상에 빠진다고 누군가에게 털

어놓은 적은 없다. 그곳은 그녀가 밤마다 잠자리에 누워 빠져드는 그녀만의 신비한 세상이었다. 한편으로는 그런 상상이 재미없고 무의미한 일상의 위안처가 되어주었지만, 한편으로는 그런 상상이나 하고 있는 자신이 창피하기도 했다. 상상은 결코 현실이 아님을 누구보다 그녀가 잘 알았기 때문이다.

이렇듯 찬란한 상상과 암울한 현실의 간극은 날로 커져갔다. 현실 속 그녀는 자신이 아무것도 아닌 것만 같은 기분에 괴로워했다. 반면 그녀의 마음 한편에는 상상처럼 되지 말란 법은 또 없지 않냐는 오기도 있었다. 자신이 호텔리어나 등반가가 될 수 있을 만큼 뛰어난 능력을 갖춘 사람이라는 생각이 자리 잡고 있었던 것이다.

도로테 무터 같은 자기애성 성격 장애 환자는 앞서 소개한 사람들과 전혀 다르다. 많은 자기애성 성격 장애 환자가 권력을 추구하고 과시적이며 무례한 행동으로 시선을 끌지만 이들은 소극적이고 과도하게 예의를 차리며 최대한 남의 눈에 띄지 않으려 애쓴다.

지금까지 살펴본 나르시시스트들은 수단과 방법을 가리지 않고 제 뜻을 관철시키며 자기 이익밖에 생각하지 않았다. 그러나 도로테 같은 사람들은 항상 상대의 입장을 먼저 생각하고, 한 걸음 뒤로 물러서 있으며, 겸손하기가 이를 데 없다. 조금만 관심이 쏟아져도 당황해서 어찌할 바를 모르고 없는 사람 취급할 때가 제일 편하기 때문에 그림자처럼 조용히 움직인다.

그렇다면 왜 이런 사람들을 자기애성 성격 장애 환자라고 부를까? 앞서 소개한 나르시시스트들처럼 그들의 핵심 문제 역시 자존감이기 때문이다. 앞의 나르시시스트들은 화려한 겉모습으로 열등감과 자괴감을 숨겼지만 도로테 같은 사람들은 오히려 이런 장애를 만천하에 공개한다. '아무것도 아닌' 기분을 대놓고 말과 행동으로 표현하며, 조그만 칭찬에도 얼굴을 붉히고, 잘못이 아닌데도 사과하며 무조건 양보하고 뒤로 물러선다.

이처럼 자존감이 낮아진 이유는 어린 시절부터 어떻게 해도 부모님을 만족시킬 수 없다고 느껴서다. 도로테와 부모님의 관계를 설명하면서도 나는 이 역학 관계를 지적했다. 부모님은 예민하고 내성적인 딸을 단 한 번도 흡족하게 생각하지 않았고, 그녀를 있는 그대로 인정하지 않았다. 오히려 자신들이 바람직하다고 생각하는 행동을 딸에게 각인시키려 애썼다. 그럴수록 딸의 불안은 커지고 자존감은 떨어졌다.

도로테의 사연을 읽으며 당신은 이렇게 똑똑하고 경험 많은 여성이 왜 그렇게 자신을 깎아내리고 남몰래 성공한 모습을 상상하는지 의아했을 것이다. 자기애성 성격 장애 환자의 경우 이 두 측면이 서로 긴밀하게 결합되어 있다. 사실 이것은 좋은 전략이다. 상상을 통해 참기 힘든 열등감을 잠시나마 털어버릴 수 있기 때문이다.

우울증 환자는 아무짝에도 쓸모없는 인간이라는 자괴감 때문에 무너지지만, 자기애성 성격 장애 환자는 화려한 상상을 통해 혹독한 현실 속에서도 어느 정도 만족감과 자존감을 경험할 수 있다(2장을 참고할 것).

백일몽은 대부분 고달픈 일상과 정반대의 모습이다. 일상에서는 최대한 눈에 띄지 않으려 노력한다면 상상에선 만인의 시선을 한껏 즐긴다. 현실에서 도로테는 무슨 칭찬을 들어도 괴로워하지만 호텔 지배인이 된 상상 속 그녀는 직원과 손님의 찬사를 당연하다는 듯 받아들인다.

현실에선 이루지 못하는 일이 꿈속에선 당연한 일이 된다. 그런 차원에서 본다면 상상은 근본적으로 창의적인 활동이며, 잠시나마 무가치한 인생이라는 자괴감을 잊게 해준다. 문제는 시간이 흐를수록 현실과 상상의 간극이 자꾸만 커지고 상상 세계로의 도피가 중독의 성격을 띨 위험이 높다는 데 있다.

현실이 암울하고 공허할수록 상상은 더욱 심해진다. 그 결과 악순환의 바퀴가 구르기 시작한다. 환자는 점점 더 현실과 멀어지고, 당연히 현실의 성공과도 점점 더 멀어진다. 그러다 보니 고통스러운 상황을 보상하기 위해 현실에서 이루지 못한 성공의 백일몽으로 더욱더 도피하게 된다.

당신이 자기애성 성격 장애 환자의 친구나 가족이라면 아마 도로테의 주변 사람들처럼 환자에게서 불안하고 자신감 없는 모습만 보았을 것이다. 그들이 워낙 그림자처럼 있는 듯 없는 듯 살기 때문에 가끔은 존재를 잊기도 했을 것이다. 처음엔 '일 잘하는 귀신' 정도로 취급했을 테지만 그마저도 시간이 흐르면서 아예 관심을 꺼버렸을지 모른다.

처음에는 그들이 가여워 보인다. 그래서 그들에게 용기를 불어넣어 주려고 노력한다. 그러다 아무리 노력해도 소용없음을 깨닫고 언젠가부터는 그들을 향한 관심과 변화를 돕겠다는 의욕을 잃고 만다. 그에 더해 도로테의 동료들처럼 짜증이 나기 시작한다.

비극적이게도 자기애성 성격 장애 환자는 이런 행동을

통해 자신이 그토록 갈망하던 바로 그것을 잃게 된다. 그들이 간절히 바라던 칭찬과 애정을 놓치고 마는 것이다. 심지어 그들을 도와주러 다가오는 사람마저 밀어내기 때문에 자기 손으로 변화의 기회를 날려버리는 꼴이 된다.

이것이 바로 이런 종류의 자기애성 성격 장애 환자를 가족이나 친구로 둔 사람들이 겪는 난관 중 하나다. 당신도 분명 그런 어려움을 겪었을 것이다. 무슨 짓을 해도 소용이 없다. 환자는 변함없이 자신을 낮추고 조그만 칭찬에도 아니라며 고개를 가로젓는다.

결국 당신은 더 이상 참지 못하고 짜증을 내거나 완전히 관계를 끊어버렸을 것이다. 지극히 당연한 반응이지만 둘 다 환자에게는 치명적이다. 당신의 반응을 보고 환자는 쓸모없는 마이너스 인생이라는 평소의 자아상을 다시금 확신할 것이기 때문이다.

지나치게 자신을 낮추고 칭찬을 받아들이지 못하는 태도는 '건강한' 겸손이 아니다. 그런 태도에는 공격성이 담겨 있다. 그 누구도 자신을 도와줄 수 없다는 생각, 그 일을 할 수 있는 사람은 자신밖에 없다는 생각이 깔려 있다. 도로테가 만인의 부러움을 한 몸에 받는 호텔리어나 성공한 등반가가 된 자신을 상상하는 것도 그런 생각의 결과이다.

이런 종류의 자기애성 성격 장애 환자는 자괴감에 젖어 사는 것 같지만 사실 그들의 마음 저 깊은 곳에는 남보다 잘나고 힘이 세다는 생각이 자리하고 있다. 겉으로는 '회색 쥐' 같지만 실은 날카로운 발톱을 숨긴 맹수인 것이다.

당신은 이런 비유가 지나치다고 생각할지 모른다. 자기애성 성격 장애 환자를 너무 부정적으로만 본다고 생각할 수도 있다. 평가를 내리자는 것이 아니다. 환자의 모순된 두 가지 측면을 다 알아야 당신도 자신의 반응이 이해될 것이고, 쓸데없는 자책이나 죄책감에서 벗어날 수 있다.

자기애성 성격 장애 환자는 내적 갈등에 시달린다. 현실과 상상 세계의 간극이 너무 커서 괴롭고 힘들다. 그들과 더불어 사는 사람들 역시 힘들기는 마찬가지다. 어찌 보면 환자 본인보다 더 괴로울 수 있다. 어쩌면 환자는 힘들어하는 주변 사람들을 보며 자신의 권력을 확인할 수도 있다. 그러나 그 권력은 진짜가 아니기에 그에게 굴복해 기쁨을 안겨주어서는 안 된다. 환자의 행동에 당신이 짜증 좀 냈다고 해서 죄책감으로 괴로워하지 말라는 말이다.

자기애성 성격 장애 환자를 대할 때는 당신의 건강을 먼저 생각해야 한다. 죄책감처럼 당신에게 해로운 감정은 최대한 자제해야 한다. 물론 쉽지는 않을 것이다. 도로테 같은 사람을 보면 가엾다는 생각이 먼저 들어서 어떻게든 용기를 북돋아 주고 싶어진다. 그런 행동이 틀렸다는 것은 아니다. 다만 환자의 반응과 당신의 기분을 세심하게 살필 필요가 있다. 환자가 당신이 건네는 긍정적인 조언을 끝까지 거부해서 짜증이 난다면 환자와 거리를 두는 것이 좋다. 당신의 칭찬을 그가 받아들이든 받아들이지 않든 그건 그의 책임이니까 말이다.

아주 드물기는 하지만 가끔 환자가 자신의 화려한 상상을 슬쩍 흘리는 경우가 있다. 당신에게는 속마음을 보여도 괜찮다고 생각할 만큼 그가 당신과 친하다면 말이다. 하지만 그보다는 당신과 언쟁을 벌이다 상상의 내용을 툭 던지는 경우가 더 많다. 당신은 자신의 진정한 모습을 전혀 모르고 있다는 식으로 말을 꺼낸다. 물론 창피하기 때문에 상상을 자세하게 털어놓지는 않을 것이다. 하지만 상상 속의 멋진 자신을 언급하면서 당신이 자신을 불안하고 자신 없는 사람이라고만 생각한다면 큰 착각이라는 식으로 언질을 줄 것이다.

그럴 경우 당신은 공격받았다는 기분에 환자에게 비아냥거리기 쉽다. 당연히 누구나 그럴 것이다. 하지만 이런 당신의 반응은 환자의 분노를 유발할 확률이 높다. 환자가 창피를 당했다고 느낄 테니 말이다. 화기애애한 분위기 탓에 혹은 당신에게 화가 나서 그가 그만 깜빡 자신을 '잊고' 평소 꽁꽁 숨겨두었던 화려한 상상의 세계를 슬쩍 보여주었는데 당신에게 조롱을 당한 것이다. 누구든 그런 상황이라면 수치심을 느끼거나 바로 역공을 시작할 것이다. 다만 자기애성 성격 장애 환자는 그 강도가 훨씬 더 세다는 사실을 감안해야 한다. 그들은 무엇보다 '체면'을 따지는 사람들이기 때문이다.

그런 상황에서는 욱하여 비아냥대거나 비난할 것이 아니라 최대한 평정심을 유지해야 한다. 화려한 상상의 배경과 그것의 보상 기능을 알고 나면 아마 크게 노력하지 않아도 평정심을 유지할 수 있을 것이다.

'평정심'이라고 해서 무조건 꾹 참으라는 말은 아니다. 아무리 환자라고 해도 어디까지가 당신이 이해할 수 있는 한계인지는 확실히 알려주어야 한다. 다만 갈등만 부추기고 서로에게 상처만 안길 뿐인 부정적인 반응은 최대한 자제하는 것이 당신과 환자 둘 다에게 도움이 된다.

혹시 당신이 화를 주체하지 못하고 '이성을 잃었다' 해도 죄책감으로 괴로워할 필요는 없다. 그보다는 상대에게 사과하고, 그 기회를 이용해 그가 가끔 얼마나 당신을 자극하는지 언급하는 것이 더 유익하다. 그를 아끼고 존중하는 당신조차 상처를 받는다고 말하면 환자는 충격을 받을 것이고, 운이 좋으면 자괴감과 화려한 상상을 오가는 자신의 상태가 다른 사람을 얼마나 힘들게 하는지 깨달을 수도 있을 것이다.

여러 번 이야기했지만, 힘들 때는 제삼자와 대화를 나누는 것이 가장 좋다. 자기애성 성격 장애 환자와 더불어 사는 것은 고되고 힘든 일이다. 그 부담감을 절대 과소평가해서는 안 된다. 환자의 행동으로 고통을 느끼기 전에 미리 도움의 손길을 찾아보자.

요점 정리

○ 자기애성 성격 장애 환자 중에는 자신감이 없고 자기 자신을 '아무것도 아니다'라고 느끼는 사람들이 있다.

○ 이런 자괴감과 과도한 순응이 오히려 주변 사람들의 신경을 긁을 수 있다.

○ 이런 종류의 자기애성 성격 장애 환자는 열등감을 보상하기 위해 남몰래 백일몽에 빠질 때가 많다. 만인의 존경과 부러움을 한 몸에 받는 성공한 자신을 꿈꾼다.

○ 환자의 가족이나 친구인 당신은 칭찬을 모두 거부하고 한결같이 자신을 낮추는 환자의 태도에 짜증이 나서, 결국엔 환자를 피하게 될 것이다. 하지만 만일 그랬더라도 절대 죄책감을 느낄 필요는 없다.

○ 당신의 짜증은 환자의 잠재적인 공격에 대한 반응으로도 이해할 수 있다. 환자는 자신이 '아무것도 아니다'라고 느끼면서도 한편으로는 모든 칭찬을 거부해 권력을 과시하고 결국 누구에게도 영향받지 않는다는 사실을 보여주려 한다.

당신이 할 수 있는 일

☺ 자기애성 성격 장애 환자와 대화를 시도했으나 소득이 없었다
면 그 사실을 인정하고 더 노력해야 한다는 의무감을 버려라.

☺ 당신의 상태를 먼저 생각하고 힘들 경우 반드시 친한 사람이
나 전문가와 대화를 나누어보라. 상황이 고통스러울 때까지
기다리지 말고 미리 제삼자와 대화를 나누어 해결 전략을 모
색하자.

11장

나는야 지하 세계의 '영웅'

28세인 안드레아스 쿠르츠는 가정 형편이 좋지 않았다. 알코올의존증이었던 아버지는 안드레아스가 열 살 때 집을 나갔다. 당시 동생은 겨우 세 살이었다.

아버지가 떠나자 안 그래도 어렵던 경제 상황은 더 빠듯해졌지만 안드레아스는 안도의 한숨을 내쉬었다. 하루가 멀다 하고 싸우는 부모님 때문에 한시도 마음 편할 날이 없었던 것이다. 옆방에서 부모님이 싸우는 소리가 들리면 안드레아스와 동생은 무서워 벌벌 떨었다. 아버지는 걸핏하면 엄마에게 폭력을 휘둘렀고 물건을 던져 부수었다.

안드레아스도 아버지에게 많이 맞았다. 아버지는 아무 이유도 없이 안드레아스에게 고함을 지르고 욕을 하고 폭력을 휘둘렀다. 언제 또 아버지가 폭발할지 몰라 항상 불안에 떨었고, 어린 그의 가슴에는 세상 누구도 믿을 수 없다는 불신이 둥지를 틀었다. 하지만 한편으로는 무력한 자신에 대한 분노와 복수심이 불타올랐다.

학교에서 실시한 지능검사 결과 안드레아스는 머리가 좋았다. 하지만 워낙 공부를 하지 않아서 성적이 좋지 않았다. 수업 시간에는 늘 딴생각을 했다. 싸우는 부모님, 두려운 아버지를 떠올렸고 복수의 계획을 세웠으며 더 나은 삶을 꿈꾸었다.

조금 더 커서는 아예 숙제도 하지 않았고 학교도 자주 빠졌다. 자연스럽게 껄렁대는 학교 일진들과 어울리게 되면서 이런저런 범죄행위에 가담했다. 그는 일진 친구들과 어울려 물건을 훔치고 약한 친구의 돈을 뺏고 술을 마시고 싸움을 했다.

어머니는 아들이 무슨 짓을 하고 다니는지는 몰랐지만 뭔가 안 좋은 낌새를 눈치채고 잔소리를 해댔다.

"너 뭐 하고 다니니? 아빠 꼴 보고도 그래? 아빠 같은 인간 말종이 되고 싶어? 한심한 놈."

그렇게 시간이 흐르면서 안드레아스의 마음엔 자신이 한심하고 나쁜 놈이라는 확신이 자리 잡았다. 한번은 잔소리하는 엄마에게 이렇게 버럭 소리를 질렀다.

"그래, 나도 알아. 나 한심해. 그래서 뭐?"

엄마는 아들을 붙잡고 애원했다.

"안드레아스, 아빠처럼 되지는 말아야지. 동생 좀 봐. 얼마나 공부를 열심히 하니. 제발 정신 좀 차려."

안드레아스는 집에도 학교에도 점점 더 마음을 붙이지 못했다. 그럴수록 일진 친구들이 더 소중해졌다. 어디서도 들어본 적 없는 칭찬을 그 친구들에게선 들을 수 있었다. 그는 친구들도 인정하는 일진이 되어갔다. 워낙 체격이 좋아서 나이 많은 일진들과 싸워도 전혀 밀리지 않았다. 결국 안드레아스는 얼마 후 일진 무리의 우두머리가 되었다. 한없이 추락하던 자존감이 솟구치기 시작했다.

하지만 마음 저 깊은 곳에는 여전히 불안에 떠는 어린 안드레아스가 남아 있었다. 아버지가 폭력을 행사하고 어머니가 아버지 같은 인간 말종이 될 거라고 악담을 퍼붓던 그 시절의 안드레아스가. 어머니의 악담대로 망가진 인생을 살까 봐 걱정되고 괴로울수록 안드레아스는 더욱더 자신의 비범함을 입증하려 애썼다. 설사 그 비범함이 범죄행위라 할지라도 말이다.

목표를 달성할 수 있다면 수단 방법을 가리지 않았다. 어릴 적에도 화가 나면 물불 안 가리는 성격이었지만 이제 그는 의도적으로 잔인한 행동을 일삼았다. 위험이 뻔히 보이는 상황임에도 무조건 뛰어들었고, 수적으로나 체력적으로나 월등한 집단과도 난투극을 벌였다. 그는 이런 위험한 행동을 자신을 '단련'하는 '훈련'이라고 불렀다.

곧 안드레아스는 그 지역의 범죄 세계에서 모두가 알아주는 우두머리로 급부상했다. 누구도 감히 '보스'에게 대항하지 못했다. 부하들의 눈에 서린 불안을 읽을 때면 안드레아스는 만족감에 젖어 들었다. 그는 자부심을 느끼며 생각했다.

'엄마의 악담대로 되지 않았어. 난 지질한 아빠와는 달라. 모두가 날 두려워하지. 난 최고야. 원하던 것을 다 이뤘어.'

앞에서 소개한 자기애성 성격 장애 환자들은 모두 특별한 사람이 되려 했다. 엄청난 야망에 불타서 출세의 사다리를 높이 오른 사람도 있고, 상상 세계로 도피하여 현실에서는 이루지 못할 부와 권력과 세간의 칭송을 거머쥔 자신을 꿈꾸는 사람도 있었다.

이번 장에서는 안드레아스 쿠르츠처럼 비범해지고 싶은 욕망을 이들과는 다른 방식으로 해소하는 사람을 소개하고자 한다. 긍정적인 관점에서 최고가 될 수 없다면 나쁜 짓을 해서라도 최고가 되려는 사람이다. 이들은 밀론[28]이 '광신형 나르시시스트'라고 부른 사람들과 많은 면에서 유사하다. 낮은 자존감을 보상하기 위해 전능하다는 망상에 빠져드는 사람이다.

겉에서 보기에 안드레아스의 인생사는 더 딱할 수 없을 만큼 아주 비참하다. 어릴 때부터 폭력에 시달렸고 학교에서는 열등생이었으며 일찍부터 범죄에 휘말려 들었다. 한마디로 긍정적이고 안정된 자존감을 키울 수 있는 조건이 아니었다. 그 결과 그는 엄청난 자괴감을 동반한 부정적인 정체성을 키웠고, 그것에 저항하기 위해 격렬히 투쟁했다.

긍정적인 면에서 뛰어난 능력을 발휘할 수 없다면 나쁜 짓을 해서라도 '최고'가 되고 싶었다. 그래서 그는 학창 시절엔 일진 무리에 들어가 그 세계 친구들의 인정을 받았고, 성인이 된 뒤에는 범죄 집단에 들어가 모두가 두려워하는 '보스'가 되었다.

하지만 그의 자존감 회복 전략은 세 가지 이유에서 치명적이다. 첫째, 시간이 갈수록 그의 '범죄 이력'은 더 화려해질 것이고, 평범하게 사는 방법을 모르다 보니 범죄와 폭력에 점점 더 깊이 연루될 것이다. 둘째, 범죄가 자괴감을 보상하는 유일한 전략이 되어버렸다. 셋째, 범죄와 폭력을 통해 그토록 원하던 인정과 존경을 얻었지만 그것이 결코 그에게 득이 되지 않는다.

당신 주변에도 이런 종류의 자기애성 성격 장애 환자가 있을지 모른다. 안드레아스만큼 심각한 상황은 아니라 해도 어쨌든 그런 사람들은 범죄에 연루될 위험이 상대적으로 높다. 언제라도 범죄가 그들을 소용돌이처럼 빨아들일 수 있다.

가령 당신의 아들이 안드레아스 같은 자기애성 성격 장애 환자라면 걱정이 이만저만이 아닐 것이다. 폭력과 범죄의 세계로 깊이 빠져들수록 다시 그곳에서 아들을 데리고 나오기가 힘들 테니까 말이다.

당연히 안드레아스의 파괴적인 행동은 그 무엇으로도 정당화될 수 없다. 하지만 심리적 배경을 안다면 도덕적이고 법적인 논리를 앞세워 환자를 비판만 할 것이 아니라 폭력과 과시적 행동 뒤에 숨어 자괴감에 몸부림치는 절망한 한 인간을 볼 수 있을 것이다.

당신의 아들이나 친구가 이런 종류의 자기애성 성격 장애 환자라면 무엇보다 당신의 사랑이 필요하다. 다시 한번 강조하지만, 그에게 관심을 기울이고 그를 인간으로 존중하라는 말이지 결코 그의 범죄행위를 눈감아주라는 말이 아니다. 그럼에도 범죄와 폭력이 자존감을 회복하려는 환자의 절망적인 노력이라는 사실을 생각한다면 조금 더 선입견 없이 환자를 대할 수 있을 것이다. 죄는 미워도 사람은 미워하지 말라는 말이 있듯이, 사람과 죄를 별개의 것으로 생각할 수 있을 것이다.

아무리 사랑을 주어도 환자가 단기간에 변화할 것이라 기대하면 안 된다. 안드레아스의 경우에도 이미 '전과자'라는 낙인이 찍힌 데다 합법적인 재산도 없을 것이고, 사회에 적응하기 위해 필요한 자격증이나 경력이 부족하기 때문에 하루아침에 손을 털고 범죄 세계에서 걸어 나오기가 쉽지 않을 것이다. 당신이 그를 존중하고 인정한다고 해서 환자가 바로 변할 것이라 기대하는 건 너무 성급하다. 하지만 그럼에도 꾸준히 사랑을 표현한다면 당신의 사랑 덕분에 그는 다시 혹은 난생처음 타인에 대한 믿음을 배우고, 자기 자신을 '가치 있는' 사람이라 느낄 수 있을 것이다.

심리치료의 길을 열어주는 것도 자기애성 성격 장애 환자를 돕는 길이다. 반사회적 행동을 하는 많은 사람이 시간이 갈수록 상황을 개선하고자 하는 희망을 잃어버린다.

범죄가 만연한 환경 탓에 자신에게 선의를 품은 사람이 존재한다는 사실을, 자신에게 정직하게 살 수 있는 힘이 있다는 사실을 미처 깨닫지 못한다. 그래서 점점 희망을 잃고 결국 체념하여 아예 변화를 꿈꾸지 않는다.

친구나 가족이 이런 종류의 자기애성 성격 장애 환자라면 당신은 어떻게 자신의 감정을 다스려야 할까? 아마 당신의 마음에선 온갖 감정이 물결칠 것이고 때로는 모순되는 감정들이 공존하기도 할 것이다. 한편으로는 환자를 범죄의 소굴로 이끈 고단한 그의 처지가 안타깝고 안쓰러울 것이다. 왜 진작 그를 올바른 길로 인도하지 못했을까 하는 죄책감이 들 수도 있다.

반사회적인 행동을 저질러 다른 가족에게 '치욕'을 안긴 그가 밉고 화가 날 수도 있다. 그릇된 그의 행동이 당신의 얼굴에 먹칠을 할까 봐, 당신에게 피해를 입힐까 봐 걱정하는 자신이 부끄럽기도 할 것이다.

그렇게 여러 감정이 다투는 상황에선 믿을 수 있는 사람을 만나 터놓고 이야기를 나누는 시간이 꼭 필요하다. 불안이 많이 줄어들고, 분노와 연민, 수치심과 죄책감 같은 감정들에 휩싸이는 이유를 알 수 있으므로 마음이 훨씬 가벼워질 것이다.

이미 여러 번 강조했지만 전문가의 도움도 망설이지 말고 받아야 한다. 전문가와 대화를 나누다 보면 불필요한 근심과 수치심을 털어버릴 수 있다.

당신이 지치지 않고 계속해서 치료를 권하면 환자는 아직 자신을 포기하지 않고 변화의 가능성을 믿어주는 당신에게 고마움을 느껴 마음을 바꿀 수도 있다. 환자에게는 아마 그것이 평생 처음 느껴보는 긍정적인 감정과 경험일 것이다.

여기까지 읽고서 무슨 일이 있어도 환자와 관계를 유지해야 한다고 생각해서는 안 된다. 당신의 건강과 행복이 최우선이다. 환자와의 관계가 당신에게 해가 된다면 먼저 자신을 보호해야 한다. 자신을 희생하면서까지 관계를 유지하는 것은 환자에게도, 당신에게도 결코 도움이 안 된다.

자기애성 성격 장애를 가진 범죄자 중에는 자신에게 관심을 보이는 사람을 손아귀에 꽉 틀어쥐고 마음대로 부려먹는 능력이 탁월한 사람이 많다. 힘들었던 인생 경험을 털어놓으며 동정심을 유발한 후 상대를 꼼짝 못 하게 만드는 것이다. 특히 교도소에 여러 번 들락거린 사람들은 현실성 있는 극적인 스토리가 사람들의 관심과 애정을 끌어온다는 사실을 경험으로 배운다. 그래서 힘들고 아팠던 이야기를 의도적으로 자주 늘어놓는다.

따라서 뭔가 미심쩍다는 기분이 들거든 자신의 직감을 믿고 조심하는 것이 좋다. 그의 고달픈 인생이 불쌍하고, 그가 털어놓는 이야기가 다 사실이라 해도 다분히 의도적일 수 있다. 특히 사연이 너무나 극적이고, 이야기를 들은 당신이 충격을 받고 어쩔 줄 몰라 하는 모습을 환자가 즐기는 것 같다면 그건 100퍼센트 의도적인 고백이다.

환자는 당신에게 자랑하고 싶은 것이다. 긍정적이지는 않지만 그래도 자신은 '영웅'이라고, 온갖 무시무시한 일을 다 겪어냈기에 이제는 모두가 그를 두려워하고 무서워한다고 말이다. 그런 이야기에 압도당해 주눅 든 모습을 보여서는 안 된다. 못 믿겠다고 말하는 것도 좋은 방법이 아니다. 상황에 따라서는 환자가 수치심을 못 견디고 격하게 공격할 수도 있다.

자기애성 성격 장애 환자에게는 '중간'이 최악이다. 바닥으로 추락한 자존감을 끌어올리자면 대단하고 비범하다는 확신이 필요하다. 중간이라는 말은 마음 깊은 곳에 자리한 자괴감을 상기시킨다. 그러므로 환자가 '엄청난' 범죄 행각을 떠벌릴 때는 비판적인 언사를 삼가야 한다.

하지만 그의 인생사나 범죄 행각을 더는 듣고 싶지 않다는 뜻은 분명히 밝혀야 한다. 듣고 있기가 너무 힘들다고 확실히 밝히고 더는 자세한 내용을 말하지 말아 달라고 부탁하라. 그들의 잔인한 폭력 자랑은 듣는 사람에게 극심한 스트레스를 안긴다. 가족은 물론이고 전문가들까지도 평정심을 유지하기가 힘들다. 그럼 그 사실을 눈치챈 환자는 만족감을 느끼고 자신이 비범한 사람이라고 확신하게 될 것이다.

환자가 폭력을 자랑하며 당신을 조종하려고 들면 대처하기가 만만치 않을 것이다. 한편으로는 지하 세계의 보스라고 뻐기면서도 한편으로는 당신의 도움이 꼭 필요한 가여운 인간임을 강조할 테니 말이다. 특히 환자가 경제적인 지원을 호소할 경우엔 절대 그들의 논리에 넘어가선 안 된다. 그들의 요구는 밑 빠진 독이다. 한 번 들어주면 갈수록 요구의 수위가 높아진다. 처음부터 아예 싹을 잘라야 한다. 경제적 지원은 절대 불가능하다고 확실하게 못을 박자.

'이론적으로'는 다 알지만 막상 환자의 얼굴을 보면 마음이 약해져서 그의 요구를 거절하지 못할 수도 있다. 나르시시스트에게 대응하기란 말처럼 쉬운 일이 아니다. 한편으로는 동정심을 유발하고 한편으로는 겁을 주어 상대를 꼼짝 못 하게 만들기 때문이다. 그럴수록 처음부터 확실한 선을 긋는 것이 중요하다.

자기애성 성격 장애를 앓는 범죄자가 폭력을 행사하는 경우도 있다. 안드레아스의 사례에서도 설명했듯 이들은 대부분 어릴 때부터 폭력을 경험한 사람들이다. 어릴 때는 폭력의 피해자였지만 성인이 된 뒤에는 가해자가 되어 폭력의 악순환을 이어간다. 이런 사람의 가족이나 파트너라면 아마 그가 언제 무슨 짓을 저지를지 몰라 전전긍긍할 것이다. 따라서 어떤 식으로든 그의 요구에 확실히 선을 긋기가 힘들 것이다.

가족이나 파트너의 두려움은 충분히 이해가 간다. 범

죄자들 사이에서 '보스'가 된 안드레아스 같은 사람이 가족이라고 친절하게 대할 것 같은가? 조금이라도 앞길에 방해가 된다 싶으면 지금까지 살아온 대로 주먹부터 휘두를 것이다. 그것이 지금껏 그가 배운 최고의 '해결 전략'이니까 말이다.

그러므로 당신도 난감한 상황에 빠질 수 있다. 환자는 만인이 자기 뜻에 무조건 굴복하지 않으면 금방 상처받고 화를 내는 사람이므로 확실히 선을 긋고 싶어도 자칫 화를 돋울까 봐 겁이 난다.

그럴 땐 망설이지 말고 전문가에게 도움을 청해야 한다. 환자가 범죄를 저지른 적이 있다면 보호관찰관이나 경찰에게 도움을 청하는 것도 좋다.

다행히 이런 종류의 자기애성 성격 장애 환자가 전부 다 극심한 폭력을 휘두르는 것은 아니다. 이런 종류의 환자들이 폭력성이 높은 것은 사실이지만 사람에 따라서 차이가 크다.

따라서 그들을 대할 때는 최대한 선입견을 버리는 것이 좋다. 그들의 이야기를 전적으로 믿고 심한 충격에 빠지

거나 언젠가는 그들이 폭력을 휘두를지 모른다며 불안에
벌벌 떨 필요는 없다. 이 경우엔 선입견을 버리는 것과 어
느 정도 조심하는 것이 절대 모순된 행동이 아니다.

요점 정리

○ 자기애성 성격 장애 환자에게 최악은 '중간'이 되는 것이다. 긍정적인 의미의 인정과 존경을 받지 못한다면 나쁜 짓을 해서라도 '영웅'이 되려 한다.

○ 범죄행위와 범죄 집단이 보내는 존경이 그들의 자존감을 높일 수 있다.

○ 폭력은 마음 깊은 곳에 자리한 불안과 무력감을 보상해주는 효과적인 수단이다. 그래서 이들은 폭력을 휘둘러 공포와 불안을 조장한다.

당신이 할 수 있는 일

☺ 자기애성 성격 장애 환자의 요구, 특히 경제적 지원은 처음부터 단호하게 거절해야 한다. 한 번 들어주기 시작하면 요구의 수위는 날로 높아진다.

☺ 전문가에게 도움을 청하라. 환자가 범죄를 저지른 적이 있다면 보호관찰관이나 경찰에게 도움을 청할 수 있다.

☺ 환자와의 관계가 심적으로 고통스럽다면 심리 전문가에게 도움을 청해야 한다.

12장

자존감을 높이는 잘못된 전략

율리아 빌헬름은 어릴 때 수줍음을 너무 많이 타서 남들 앞에서 말도 제대로 하지 못했다. 부모도 비슷한 성격이라 사람들을 거의 만나지 않고 살았다. 아버지는 작은 회사에서 회계를 보았는데, 회사에 가서도 묵묵히 일만 할 뿐 동료들과 말을 잘 섞지 않았다.

청소 일을 했던 어머니도 사람들을 싫어했다. 그래서 사무실 직원들이 다 퇴근한 뒤에 청소하는 야간 업무를 자원해 혼자 조용히 일했다.

"나대지 마라!", "남들이 어떻게 생각하겠니?" 자라는 내내 율리아는 이런 말을 귀에 딱지가 앉도록 들었다. 그러다 보니 율리아 역시 될 수 있는 대로 남 앞에 나서지 않으려

했다. 친구들한테는 상냥했지만 내성적이고 소극적이었으며 최대한 남의 눈에 띄지 않으려고 애썼다.

초등학교 시절 최악의 기억은 학예회였다. 반 아이들이 모두 참여해 연극을 했는데, 율리아는 어떻게든 빠지려 했으나 소용이 없었다. 선생님은 한 사람도 빠지면 안 된다고 강조하면서 율리아의 성격을 생각해 대사가 몇 마디밖에 안 되는 작은 역할을 맡겼다.

연습 시간은 지옥이 따로 없었다. 율리아는 벌벌 떨면서 마지못해 대사를 내뱉었다. 선생님은 매번 너무 목소리가 작다고, 아무도 못 듣는다고 야단을 쳤다. 학예회가 다가오자 율리아는 실수할까 봐 걱정이 되어 밤잠을 설쳤다. 부모님도 딸이 혹시나 실수할까 봐 걱정이 이만저만이 아니었다. 율리아에게 대놓고 "네가 실수하면 무슨 망신이냐"고 걱정을 털어놓았다. 그렇게 부모와 딸은 서로의 불안을 부채질했다.

드디어 학예회 날이 왔다. 율리아는 극심한 스트레스로 아침밥을 먹지 못했다. 점심에는 엄마의 성화에 못 이겨 몇 숟가락 뜨기는 했지만 바로 토하고 말았다. 해가 지고 학예회가 열렸다. 율리아는 무대 뒤에서 벌벌 떨며 선생님의 지시를 기다렸다. 선생님이 율리아에게 손짓했고, 율리아는 백지장처럼 하얗게 질려 주춤주춤 무대로 나갔다. 그런데 입에서 한 마디도 나오지 않았다. 율리아는 나무토막처럼 빳빳하게 서서 식은땀을 흘렸다. 집으로 돌아온 율리아는 엉엉 울면서 엄마에게 말했다.

"창피해서 죽을 것 같았어. 말이 안 나왔어. 이제 어떻게 해? 애들이 놀릴 텐데."

창피했던 그날의 기억은 율리아의 머릿속에 깊이 새겨졌다. 어른이 된 뒤에도 그 순간만 떠올리면 마음이 몹시 아팠다. 수줍은 성격은 학교를 졸업하고 취직한 뒤에도 달라지지 않았다. 팀 미팅 시간에 발표할 일만 있어도 의사에게 진정제를 처방받아 먹어야 할 정도였다.

남 앞에서 창피당할지 모른다는 공포와 불안이 커질수록 괴로움은 더해갔다.

"계속 이렇게 살 수는 없어. 이게 사는 거야? 달라져야 해. 학예회 때 같은 창피는 두 번 다시 당하고 싶지 않아."

그녀는 절망으로 몸부림치며 괴로워했다. 그러던 어느 날이었다. 문득 이런 생각이 들었다.

'대체 뭐가 창피한 거지? 내가 남만 못한 게 뭐야? 내가 왜 굽실거리고 비위 맞추며 살아야 해?'

물론 이런 생각이 들었다고 해서 지금껏 느껴왔던 불안과 두려움이 싹 사라진 것은 아니었다. 하지만 그날을 기점으로 그녀는 달라지기 시작했다. 예전에는 기어들어 가는 목소리로 수줍게 말하고, 최대한 수수하게 입어 눈에 띄지 않으려 노력했던 그녀가 나서기 좋아하고 도발적이며 외향적인 사람으로 변신한 것이다.

이제 그녀는 몸에 딱 붙는 옷을 입어 몸매를 과시했고 독한 향수를 뿌리고 다녔으며 욕도 서슴지 않았다. 특히 동료가 그녀에게만 털어놓은 비밀을 많은 사람 앞에서 공개할 때 아주 기분이 짜릿했다. 비밀을 털어놓은 사람이 창피해서 어쩔 줄 몰라 하면 묘한 승리의 기쁨에 몸을 떨었다.

당연히 동료 직원들은 율리아의 '험한 입'을 무서워했다. 한번은 한 여성 동료가 상사에게 이렇게 하소연한 적도 있었다.

"그렇게 뻔뻔한 사람은 살다 살다 처음이에요. 상대방 생각은 전혀 안 해요. 어떨 땐 뇌를 거치지 않고 생각나는 대로 뱉어낸다 싶다가도 또 어떨 땐 일부러 창피를 주려고 저러나 싶어요. 옆 사람의 고통을 즐긴다니까요."

실제로 율리아는 자신의 말이 상처가 된다는 사실을 누구보다 잘 알았다. 사람들의 비밀을 폭로해 창피를 주고, 그 사람들이 힘들어하는 모습을 보면 우월감이 솟구쳤다. 지금의 그녀는 창피해서 어쩔 줄 모르던 그 꼬마 소녀가 아니라 오히려 사람들에게 창피를 주는 사람이 되었다.

물론 그렇게 얻은 우월감은 오래가지 못했다. 남들을 괴롭히며 잠시 열등감과 자괴감을 잊을 수 있었지만, 이내 사람들이 손가락질할 것이고 그럼 창피해서 고개도 못 들 것이라는 그 옛날의 불안이 다시 고개를 치켜들었다. 게다가 뻔뻔하기 이를 데 없는 그녀의 행동 때문에 사람들이 화를 내고 공격할지 모른다는 불안이 안 그래도 불안한 마음에 더해졌다. 그렇지만 남들에게 창피를 주는 순간만큼은 우월감을 느낄 수 있었으므로 그 나쁜 버릇을 고칠 수가 없었고, 사실 고치고 싶지도 않았다.

자기애성 성격 장애 환자들은 수치심이라는 것을 모르는 것 같다. 입만 열면 자기 자랑을 떠벌리고, 남 앞에서 보란 듯 권력을 과시하며, 상처가 될 말도 서슴없이 내뱉는 모습을 보고 있노라면 정말이지 뻔뻔하다는 생각이 절로 든다. 하지만 율리아 빌헬름의 사연을 보면 그들의 속내는 전혀 다른 풍경임을 알게 된다.

율리아의 이야기를 읽으면서 당신은 심약한 소녀가 스스로 노력해 수치심을 이겨내다니 참 장하고 기특하다고 생각했을지 모른다. 율리아는 대체 왜 수치심을 느끼는지 자신에게 따져 물었다. 그녀의 질문은 너무나 타당하다. 그녀에겐 열등감을 느끼고 자신을 낮출 이유가 전혀 없었으니까.

하지만 어른이 되어 오히려 남을 괴롭히는 사람으로 변한 그녀를 보면 생각이 달라진다. 그리고 이런 의문이 든다. 어릴 때는 그렇게 낯을 가리고 창피당할까 전전긍긍하던 사람이 어떻게 사람들을 괴롭히고, 그들이 창피해 힘들어하는 모습을 보며 즐거워하는 사람이 된 걸까? 어떻게 한 사람이 그렇게 돌변할 수 있는 걸까?

율리아는 자괴감을 이겨낼 나름의 전략을 찾았으나 진정으로 수치심과 불안을 극복하지는 못했다. 학예회 때 당한 창피를 두 번 다시는 겪지 않겠다고 굳게 결심한 후 태도를 완전히 바꾸었지만 그것이 문제의 진정한 해결책이 될 수는 없었다.

마음 저 깊은 곳에 숨어 있는 자괴감과 불안을 외면한 것일 뿐, 그것을 완전히 뿌리 뽑는 해결책이 아니었기 때문이다. 어린 시절 그녀를 알았던 사람들이 오랜만에 어른이 된 그녀를 만난다면 너무 변해버린 모습을 보고 깜짝 놀랄 것이다. 하지만 동료의 표현대로 '뻔뻔하기 짝이 없는' 그녀의 겉모습 뒤엔 자신이 없어 불안에 벌벌 떨던 어린 율리아가 여전히 몸을 숨기고 있다. 그 어린 율리아가 무례와 안하무인으로 자신의 연약함을 숨기려 안간힘을 쓰고 있다.

당신이 이런 자기애성 성격 장애 환자의 가족이라면 오랜만에 만난 가족이 변해도 너무 변해서 충격을 받을 것이다. "우리 딸이 아니야!" 부모라면 놀라서 이렇게 소리 지를지도 모른다. 얌전하고 소극적이고 무엇이든 양보만 하던 딸아이가 과감한 옷을 입고 욕을 해대며 험한 말을 입에 달고 살다니 말이다.

맞다. 당신은 딸의 행동과 성격의 변화를 제대로 간파했다. 하지만 완전히 다른 사람이 되어버렸다는 생각은 착각이다. 당신의 딸은 태도만 달라졌을 뿐이다. '안하무인'으로 행동하며 소극적이고 자신 없는 마음을 숨기고 있을 뿐이다.

딸의 변화가 아무리 놀랍고 충격적이더라도 속지 말고 뻔뻔한 행동이 가진 방어 기능을 간파해야 한다. 도발적인 딸의 행동에 흔들리지 않도록 마음을 다잡아야 어린 시절 당신이 사랑했던 그 딸에게 다시 다가갈 수 있다.

당신이 환자의 친구나 동료라면 역시나 오랜만에 만난 그가 너무 달라져서 깜짝 놀랄 것이다. 그동안 무슨 일이 있었기에 저렇게 변했을까? 걱정되고 궁금할 것이다. 하지만 아무리 궁금해도 직접 물어보거나 놀란 표정을 짓는 건 자제하는 것이 좋다.

자기애성 성격 장애 환자에겐 오랜 시간 힘들게 만들어온 그 외관이 너무나도 중요하기 때문에 가족이나 친구 앞에서도 가면을 벗지 않는다. 그래서 만약 당신이 깜짝 놀라 변한 이유를 묻는다면 자기가 아직도 옛날에 그 수줍어하던 아이인 줄 아느냐며 당신의 '순진함'을 놀릴 것이다. 혹은 당신의 말에 날카롭게 반응하며 화를 내거나 상처 될 말을 던질 수도 있다.

그러므로 환자가 설사 '뻔뻔하고' 염치없는 행동을 하더라도 못 본 척, 못 들은 척 예전과 똑같이 대하는 것이 가장 바람직하다. 그것이 옛 관계를 회복하는 최고의 지름길이다. 그래야 환자가 다시 마음을 열고 도발적인 행동을 멈출 것이다.

어른이 된 뒤 율리아를 처음 만났다면 사정이 다르다. 당신은 불안에 떨던 수줍은 아이를 본 적이 없다. 따라서 뻔뻔하기 그지없는 그 사람의 마음 깊은 곳에 자괴감과 불안이 숨어 있으리라는 상상을 할 수가 없다. 그럴수록 더욱 더 상대의 도발적인 행동에 주눅 들지 않는 것이 중요하다. 겉으로 보이는 행동이 극단적일수록 나약하고 자신감 없는 사람일 가능성이 높다. 이 사실을 잊지 말자.

이런 사람들은 그럴 필요가 있기 때문에 극단적인 행동을 하는 것이다. 너무 뻔한 말이지만 자기애성 성격 장애 환자의 심리적 역학이 정확히 그러하다. 자괴감과 극심한 수치심에 시달리는 나약한 자신을 보호하기 위해 자신의 진짜 모습을 감출 수 있는 전략을 개발한 것이다. 방어 조치가 강력할수록 환자가 느끼는 고통도 그만큼 더 극심하다는 결론을 내릴 수 있다.

당연히 환자의 튀는 외모를 지적해서는 절대 관계가 좋아지지 않는다. 역효과만 날 뿐이다. 환자는 당신의 조언을 방어 전략에 가하는 공격으로 느껴 극렬히 저항할 것이다. 튀는 외모와 행동을 그만두라는 말은 남들의 웃음거리가 될까 봐 벌벌 떨던 그 시절로 돌아가라는 말과 같기 때문이다. 게다가 뻔뻔한 자신의 행동이 강함의 표현이 아니라 나약함의 표현이라는 사실을 들켰으니 매우 창피할 것이다.

하지만 환자를 대하기가 너무 힘들고 그의 도발적인 행동이 도를 넘는다면 거리를 두는 것이 좋다. 수줍어하던 어린 시절의 그를 잘 알고, 지금의 '뻔뻔한' 행동이 방어 전략이라는 것을 잘 알아도 환자를 대하기가 너무 힘들 수 있다. 가령 환자가 계속 당신을 원수 대하듯 하고 사사건건 당신에게 저항한다면 아무리 마음이 바다 같은 사람이라도 견디기 힘들 것이다. 이런 상황에서는 터놓고 대화를 나누는 것도 한 가지 방법이다. 특히 환자가 당신에게 소중한 사람이라면 반드시 대화를 통해 서로의 마음을 헤아릴 필요가 있다.

아무리 노력해도 달라지지 않는다면 거리를 두는 것 말고는 다른 방법이 없다. 달라진 당신의 태도를 보며 환자도 자신의 행동이 도를 넘었다는 사실을 알아차릴 것이고, 당신 역시 자신을 지킬 수 있을 테니 말이다.

마지막으로 이런 유형의 자기애성 성격 장애 환자가 보이는 '뻔뻔한' 행동이 상처나 거부감이 아니라 재미와 웃음을 주는 경우가 있다. 율리아처럼 사람들에게 창피를 주고 그것을 승리라고 생각하지 않고, 터부와 전통을 깨뜨리는 방식으로 주변에 웃음을 안기는 것이다. 거기에 유머 감각까지 곁들여지면 이런 자기애성 성격 장애 환자들은 어딜 가나 인기를 누린다.

물론 주변에서 약한 사람만 골라 집중 공격하고 놀리는 경우도 많다. 그런 나르시시스트도 인기가 높은데, 주변 사람들이 나르시시스트를 통해 대리만족을 느끼고, 자신이 조롱의 대상이 되지 않았음에 안도감을 느끼기 때문이다. 어쨌든 이런 종류의 나르시시스트는 항상 주변에 웃음꽃을 피우고 뻔뻔한 언행으로 인기몰이를 한다. 그렇기에 전통을 무시하는 그의 자유로운 언행이 창피당할지 모를 불안을 숨기는 방어막이라는 사실을 그 누구도 눈치채지 못한다.

요점 정리

○ 자기애성 성격 장애 환자 중에는 어릴 때는 극도로 소심하고 얌전했는데 자라서 '뻔뻔한' 행동을 일삼는 사람들이 있다.

○ 이들 중 일부는 전통과 터부를 무시하는 방식으로 주변에 웃음을 선사한다. 하지만 약자를 놀림의 대상으로 삼기도 한다.

당신이 할수 있는일

☺ 환자의 도발적인 태도에 주눅 들지 말아야 한다.

☺ 이런 종류의 나르시시스트들은 자존감이 위태롭다고 느끼지 않아야 마음을 열고 당신에게 다가온다.

☺ 하지만 당신이 아무리 노력해도 변화가 없다면 환자와 거리를 두는 것이 좋다.

13장

좌절이란 걸 모르는 사람들

45세 남성 조반니 디 산토레는 낮에는 피아노 학원에서 아이들을 가르치고 밤이면 호텔 바에서 피아노를 친다. 본명은 게오르크 질베르만이지만 스무 살이 되던 해 이탈리아어 '예명'을 지었다. 어머니가 놀라서 왜 이름을 바꾸었냐고 묻자 그는 이렇게 대답했다.

　　"이름에서 벌써 음악가 같은 포스가 풍겨 나오잖아."

　　주변 사람들은 모두 그의 본명이 조반니인 줄 안다. 게오르크라는 이름은 공식적으로 서명을 할 때나 사용한다.

　　학교 다닐 때 그는 공부를 참 못했다. 음악을 빼면 흥미 있는 과목이 없었기 때문에 성적이 바닥을 기었다. 중학교 때 수학 선생님이 그를 불러 공부 좀 하라고 야단을 쳤다. 그러자 그는 눈을 치켜뜨며 선생님에게 대들었다.

"위대한 음악가가 될 건데 수학 공부는 뭐 하러 해요. 피아노 치기도 바쁜데 수학 공부할 시간이 어디 있어요?"

선생님은 할 말을 잃었다. 나중에 동료 선생님에게 조반니의 거만한 태도를 이야기하며 탄식했다.

그런 식의 거만한 태도는 친구들을 대할 때도 마찬가지였다. 처음에는 물정 모르는 친구 몇 명이 감탄하며 그를 존경의 눈길로 봐주었다. 피아니스트로 성공할 것이라는 그의 말을 믿었기 때문이다. 하지만 그는 친구들 앞에서 단 한 번도 피아노를 친 적이 없었다. 그러자 그를 믿었던 친구들조차 그가 정말 피아노를 잘 치는지 의심하기 시작했다. 심지어 몇몇 친구는 그가 피아노를 칠 줄도 모른다고 생각했다.

"다 뻥이야. 피아노 건반도 안 만져봤을걸."

물론 친구들의 의심은 옳지 않았다. 조반니는 피아노 학원을 열심히 다녔다. 그러나 노력에 비하면 피아노를 크게 잘 치는 편은 아니었다. 그래도 아이가 워낙 열심인지라 학원 선생님은 열정을 바쳐 그를 가르쳤지만 실력이 크게 향상되진 않았다.

"재능이 뛰어나지는 않습니다."

엄마를 통해 선생님의 말을 전해 들은 조반니는 큰 상처를 받고 불같이 화를 냈다.

"실력도 없는 주제에 내가 재능이 있는지 없는지 어떻게 알아? 질투가 나서 저래. 내 재능이 너무 뛰어나니까 부러운 거지. 나하고는 수준이 안 맞아. 우리 집이 조금만 더 잘 살았으면 유명한 선생님에게 교습받을 수 있을 텐데."

누구에게 피아노를 배웠냐고 물으면 조반니는 대답을 얼버무렸다. 이제 곧 유명한 피아니스트한테 배우러 갈 거라고 답하거나 워크숍에서 강연을 들었던 피아니스트의 이름을 갖다 댔다. 당연히 조반니는 그들에게 피아노를 배운 적이 없었다. 어떨 땐 이런 식으로 대답하기도 했다.

"나는 최고 아니면 안 배워. 근데 그런 분들은 학생이 너무 많고 연주회 일정이 빠듯해서 도무지 시간을 낼 수가 없거든. 하긴 나 같은 천재는 굳이 배우지 않아도 괜찮아. 혼자서도 잘하니까. 선생님이 있어봤자 잔소리나 하겠지. 나는 그저 독학이 최고야."

조반니는 동네의 작은 피아노 학원에서 아이들을 가르

쳐 돈을 벌었다. 이곳도 지인이 소개해준 덕에 얻은 일자리
였다. 기존에 다니던 선생님이 갑자기 그만두는 바람에 학원
에서 급하게 피아노 선생님을 구했던 것이다. 원장은 내세
울 만한 이력이 없는 조반니가 썩 흡족하진 않았지만 급하기
도 했고 초급반을 가르칠 실력은 되는 것 같아서 그를 채용했
다. 하지만 더 솔직히 말하면 조반니를 소개한 지인에게 신
세를 많이 진 데다 조반니가 딱했기 때문이었다. 학원의 다
른 선생님이 채용을 반대했을 때도 원장은 이런 말로 그를 달
랬다.

"좀 봐줘. 딱하잖아. 저 사람도 먹고살아야지."

조반니는 학원에 채용되자마자 홈페이지를 개설했다. 거
기엔 그가 레슨받은 유명 피아니스트의 이름이 열거되어 있
었다. 물론 그는 그들이 개최한 워크숍에 참석했을 뿐 실제로
레슨을 받은 적은 한 번도 없었다. 또 짤막한 시범 연주 동영
상도 올라와 있었다. 그가 몇 주에서 몇 달에 걸쳐 작곡했다는
곡을 연주한 영상들이었다. 하지만 알고 보면 유명 작곡가들
의 곡에서 조금씩 따서 붙여 만든 짜깁기 작품이었다.

홈페이지에는 그가 여기저기서 개최한 연주회 영상도

올라와 있었다. 하지만 연주회에 관한 구체적인 소개는 없었다. 알고 보면 정식 연주회가 아니라 지인 모임에서 피아노를 치거나 양로원에서 봉사 차원으로 연주한 영상이었기 때문이다. 그나마 이런 자리마저도 직접 발로 뛰어다니며 연주 기회를 얻어낸 것이 아니라 하도 연주회 타령을 해대는 그가 안쓰러워서 지인들이 이리저리 주선해준 것이었다.

나이를 먹을 만큼 먹은 조반니는 계속 부모님 집에 얹혀 살 수 없었다. 하지만 학원에서 아이들을 가르치는 것으로는 독립 자금이 부족했다. 그는 하는 수 없이 호텔 바에서 밤에 피아노를 치기로 했다. 이곳 역시 그의 끝없는 독립 타령을 듣다 지친 지인이 주선해준 자리였다.

처음 지인의 제안을 받았을 때 조반니는 기분 나쁜 표정을 지었다.

"나더러 술이나 퍼마시는 인간들 앞에서 연주하라고? 나 음악가야. 날 어떻게 보고 하는 말이야?"

조반니를 오래 보아온 지인은 그가 당연히 그런 반응을 보일 것이라 예상했다. 그래서 그는 천천히 크게 숨을 들이 마신 뒤 마음을 가라앉히고 그를 달래기 시작했다.

"잘 들어봐. 너 독립하고 싶다고 했지? 독립이 최우선 과제잖아. 학원에서 받는 돈으로는 절대 혼자 못 살아. 그러니까 눈 딱 감고 일해봐. 호텔 지배인이 아는 사람이라 슬쩍 물어보니까 수입이 꽤 괜찮더라고. 돈을 벌어야 연주회도 열 거 아냐."

들고 보니 그럴싸했다. 그는 지인의 권유를 받아들여 바에서 연주를 시작했다. 그가 워낙 예의가 바르고 싹싹한 데다 완벽한 '젠틀맨'이었기 때문에 바를 찾은 손님들과 동료 직원들 사이에서 평판이 좋았다. 하지만 한 바텐더가 다른 직원에게 그를 "유리 벽"이라고 표현했듯 그와 다른 사람들 사이엔 뭔지 모를 거리가 있었다.

"저 사람을 잘 안다고 생각하면 큰 착각이야. 너한테 늘 웃어주고 농담도 잘 주고받지만 속으로는 널 죽이고 싶어 할 수도 있거든. 깍듯이 예의를 차리고 일정한 거리를 둬서 벽을 친 다음 그 뒤로 진짜 정체를 숨기는 거야."

조반니는 바에서 일할 수 있어서 다행이라고 생각했다. 부모님 집에서 독립한 덕분에 더는 눈칫밥을 먹지 않았고, 부모님 역시 왜 다 큰 아들을 여태 데리고 사느냐는 지인들의 질문에 시달리지 않아도 되었으니 말이다.

하지만 그는 바에서 피아노를 칠 때마다 심한 모멸감을 느꼈다. 돈을 벌어야 한다는 지인의 말은 백번 옳다. 하지만 국제적으로 이름을 날리며 열심히 활동해야 할 자신이 호텔 바에서 술 마시는 손님들 비위나 맞추면서 건반을 뚱땅거리고 있자니, 화가 나고 속상했다.

그럴 때마다 조반니는 이런 생각으로 마음을 다스렸다. '돈 걱정이 없으니 이제부터는 커리어 쌓는 데 더욱 집중할 수 있을 거야!' 왜 연주회를 열지 않느냐는 주변의 질문에 그럴싸한 핑곗거리도 댈 수 있었다.

"일이 너무 많아서 통 시간이 나야 말이지. 낮에는 학원 일에 밤에는 바 일까지. 너무 벅차네."

지금까지는 주로 자기애성 성격 장애 환자의 부정적인 행동 방식들을 살펴보았다. 장애가 심한 환자들에게선 대부분 그런 부정적인 행동 방식이 목격된다.

하지만 나르시시스트들이 없다면 재계, 정계, 학계, 예술계는 지금처럼 활발히 움직이지 못했을 것이다. 무슨 일이 있어도 '위로' 오르고 말겠다는 야망으로 이들은 남들이 하지 못할 수많은 일을 이뤄내고야 만다. 물론 성공의 대가는 혹독하다. 가족이나 부하 직원이 희생될 수도, 환자 개인의 성장이나 인간관계가 희생될 수도 있다.

자기애성 성격 장애 환자의 또 다른 특징은 칙칙한 일상에 알록달록 색깔을 선사한다는 것이다. 눈에 띄는 화려한 옷을 입고, 어떻게든 자신을 과시해 사람들의 이목을 끌려 하며, 무슨 수를 쓰더라도 '중간'은 되지 않으려 애쓰는 사람들이기 때문에 이들은 아름다운 색을 띠는 장식물처럼 사람 많은 장소나 혼잡한 행사장을 화사하게 물들인다.

더불어 이들은 다른 사람들이 갖지 못한 능력을 뽐낸다. 아무리 실패해도, 아무리 난관이 닥쳐도 그것을 자기에게 유리하게끔 긍정적으로 해석하는 능력이 있다. 제삼자가 보기엔 도무지 납득이 안 되고, 그렇게 억지로 상황을 긍정적으로 해석한다고 해서 현실이 달라지는 것도 아니다. 하지만 이는 실제로 놀라운 능력이다. 긍정적인 해석을 통해 그들이 암울한 상황을 딛고 일어나 다시 걸어갈 수 있기 때문이다.

조반니의 인생사를 읽는 동안 당신은 아마도 모순되는 감정을 느꼈을 것이다. 한편으로는 계획만 원대할 뿐 실현 가능성이라고는 없는 꿈을 꾸는 그가 안쓰러웠을 것이다. 예의를 지키고 사람들과 거리를 두면서 벽을 세운 채 끊임없이 자신을 기만하는 가여운 인생이라고 혀를 찼을지 모른다.

하지만 한편으로는 도무지 되는 일이 없는데도 결코

절망하지 않는 그가 놀라웠을 것이다. 그는 동네의 작은 피아노 학원에서 아이들을 가르치고 호텔 바에서 피아노를 치며 그럭저럭 생활을 꾸려가고, 양로원이나 지인들의 모임에서 겨우 피아노 실력을 뽐내며 산다. 그건 그가 꿈꾸는 삶이 아니었다. 그는 어릴 적부터 유명한 피아니스트가 되고 싶었다.

하지만 그렇게 살면 좀 어떤가? 아무것도 안 하고 집에 처박혀 한숨만 쉬지 않고 어쨌든 기회가 있을 때마다 사람들 앞에 나서서 연주도 하고 돈도 번다. 그 정도면 만족하며 살 수 있지 않을까? 그러나 조반니 같은 자기애성 성격 장애 환자들은 현실이 이상과 멀어질수록 더 깊은 모멸감에 시달린다.

보통 사람이라면 원대한 꿈은 이루지 못했어도 어쨌든 지금 가진 것에 대충 만족하며 살 것이다. 하지만 나르시시스트들은 욕심이 많아서 꿈이 완벽하게 이루어지기를 기대한다. 이런 큰 기대가 열등감을 보상하는 데에는 유익할지 몰라도 애당초 현실에 비해 너무 높은 기대였기에 결국에는 실망할 위험도 높다.

이렇듯 처음부터 희망이라고는 없는 상황에 놓이면 아마 보통 사람들은 절망에 빠져 허우적거리고 심한 경우 자살을 시도하기도 할 것이다. 하지만 자기애성 성격 장애 환자들은 이 모든 역경에도 결코 포기하지 않는다. 절대 현실을 받아들이지 않고 끝까지 비현실적인 기대에 집착한다. 그럴 수 있는 힘은 바로 긍정적인 해석에서 나온다. 그들은 어떤 실패도 자신에게 유리한 쪽으로 해석해 그럴듯한 이유를 만들어낸다.

'그게 무슨 이유야? 다 구실이고 핑계지.' 당신은 이렇게 생각할지 모른다. 물론 여러 가지 부정적인 결과가 나타날 수 있겠지만, 내가 보기에 이들의 긍정적인 해석은 절망과 실패를 꿋꿋하게 딛고 일어설 수 있는 힘이다.

조반니의 이야기에서도 그런 긍정적인 해석이 곳곳에서 발견된다. 공부 안 한다고 야단치는 수학 선생님에게 그는 피아니스트가 될 거니까 수학은 못해도 괜찮다고 대답한다. 재능이 뛰어나지는 않다는 피아노 학원 선생님의 말을 전해 듣고는 오히려 선생님의 실력을 깔아뭉개며 그런 평범한 인간이 감히 자신을 평가할 수 없다고 주장한다.

뭔가 있어 보이는 예명을 고른 것도 특별한 사람처럼 보여서 괴로운 열등감을 보상하려는 노력이었다. 홈페이지에 유명 피아니스트에게 레슨을 받았고, 연주회를 열었다고 자랑한 것도 다 자존감을 높이려는 사투였다.

호텔 바에서 피아노를 연주해보라는 지인의 제안을 받았을 때 그는 모멸감을 느꼈지만 역시나 긍정적인 해석으로 그 모멸감을 밀어냈다. 그는 경제적으로 안정되면 커리어에 더 집중할 수 있을 것이라고 생각하며 자신을 달랬다. 아무리 시간이 흘러도 꿈꾸던 화려한 경력에는 닿을 수 없었지만 이 역시 그는 일이 너무 많아서 연주회 준비를 할 수 없다는 핑계를 대며 마음을 추슬렀다.

이 모두가 결국엔 '공허한 핑계'이고 '의도적인 현실 왜곡'이며 '구차한 변명'에 불과한 것이 아닐까? 당연히 맞는 말이다. 하지만 모멸감을 느낄 만한 상황을 긍정적으로 해석하는 이들의 능력은 가히 탄복할 만하다. 어쨌거나 괴로운 자괴감을 털어내고 자존감을 세울 수 있으니 말이다.

우리가 만약 조반니와 같은 처지에 놓인다면 과연 상황을 그런 식으로 해석할 수 있을까? 아마 대부분의 사람들은 절망하고 체념할 것이다. 그런데 우리와 달리 나르시시스트들은 역경을 만날수록 오히려 더 힘을 얻고 의욕과 투지를 불태운다.

참 이상한 사람들이라고 생각할지도 모르겠다. 하지만 자기애성 성격 장애 환자들은 힘든 순간이면 오히려 승리의 기쁨을 만끽한다. 그 무엇에도, 그 누구에게도 무릎 꿇지 않았으니 말이다. 그리고 그 덕분에 그들은 무너진 자존감을 다시 일으켜 세울 수 있다. 열등감과 실패의 두려움에 찌든 그들의 자아상이 어떤 난관도 이겨내는 긍정적인 자아상으로 바뀌기 때문이다. 이것은 분명 특별한 능력이 아닐 수 없다.

여기까지 읽는 동안 당신은 아마 당신의 자녀나 친구를 떠올렸을 것이다. 그동안 당신은 그들의 무한 긍정 때문에 무척 짜증 났을 것이다. 제발 현실을 똑바로 보라고, 정신 좀 차리라고 환자에게 거듭 호소하고 야단쳤을지 모른다.

충분히 이해할 수 있는 반응이다. 환자의 과도하게 긍정적인 해석이 가족이나 친구에게는 도발로 느껴질 수 있다. 그래서 당신은 환자를 도와주어야 한다는 의무감에 사로잡혀 계속 환자의 얼굴에 현실을 들이밀었을 것이다. 하지만 과연 그것이 환자에게 도움이 될까? 긍정적인 해석에도 문제점은 있지만 되는 일 하나 없는 현실에서 그들이 숨 쉴 수 있도록 도와주는 생존 전략을 당신이 과연 무슨 권리로 파괴한단 말인가? 그들의 긍정적인 해석에 토를 다는 것은 근본적으로 잔혹한 행위이다. 그들이 발 딛고 선 땅을 허물어버리는 것과 같기 때문이다.

하긴 당신이 아무리 야단치고 조언해봤자 환자에게는 통하지 않을 것이다. 환자는 어디서 개가 짖나 하는 얼굴로 긍정적인 해석을 멈추지 않을 것이다. 당신의 충고를 먼지 닦듯 휙 쓸어버리고 또 다른 긍정적인 해석을 내놓을 것이다.

환자가 그런 식으로 반응한다면 당신의 조언이 그에게 아무런 도움을 주지 못한 것이다. 이제 그만 비판을 멈추고, 긍정적인 해석이 마음 깊은 곳에서 절망과 불안에 떨고 있는 한 인간의 생존 전략임을 인정해야 한다. 그 사실을 깨닫는다면 환자가 또다시 '핑계'나 '변명'을 늘어놓더라도 짜증이 덜할 것이고 환자를 보다 더 이해하고 공감할 수 있을 것이다.

자기애성 성격 장애 환자가 현실을 마주할 경우 치명적인 결과가 발생할 수도 있다. 긍정적인 해석으로 비참한 현실을 외면할 수 없게 되면 몸과 마음이 무너지고, 심지어 자살을 시도할 수도 있다. 따라서 환자의 행동이 성가시고 눈에 거슬리더라도 절대 환자에게 가차 없이 현실을 들이밀어서는 안 된다. 조심스러운 당신의 지적에 환자가 거부 반응을 보이거든 거기서 그만 입을 다물어야 한다. 자기애성 성격 장애 환자는 겉으로는 강해 보이지만 사실은 불안과 자괴감에 시달리는 나약한 인간이다.

앞에서 나는 조반니가 뜻대로 되지 않는 현실을 외면하기 위해 사용했던 여러 가지 전략을 소개했다. 자기 연출을 하고, 거만을 떨고, 상대를 깔아뭉개고, 핑계를 댄다.

당신도 가족이나 친구에게서 이와 비슷한 모습을 목격하고, 거만을 떨며 당신을 무시하는 그의 언행에 상처받았을 것이다. '지금 나더러 그 말을 믿으라는 거야?' 당신은 아마 그렇게 생각했을 것이다. 짜증이 나고 화도 났을 것이다. 그렇지만 당신을 자극하는 언행 뒤편엔 실패로 점철된

이 세상에서 살아남기 위해 허우적대는 한 인간이 숨어 있다는 사실을 잊지 말아야 한다.

당신이 환자의 긍정적인 해석을 성격 장애의 '증상'으로만 볼 것이 아니라 건설적인, 나아가 창의적인 생존 전략으로 이해한다면 정말로 당신과 환자 모두에게 긍정적인 결과가 돌아올지도 모른다. 그런 점에서 본다면 그는 진정으로 우리의 존경과 감탄을 받을 만한 사람인 것이다.

요점 정리

○ 아무리 환자라고 해도 질병과 결점만 들먹이는 것은 옳지 않다. 그들의 특별한 재능과 자질도 존중해야 그들을 현실적으로 평가할 수 있다.

○ 자기애성 성격 장애 환자는 아무리 넘어지고 실패해도 그것을 긍정적으로 해석하는 특별한 능력이 있다. 덕분에 그들은 비참한 현실을 딛고 꿋꿋하게 살아갈 수 있다.

당신이 할 수 있는 일

☺ 환자의 긍정적인 해석이 핑계나 구실이라 생각되더라도 함부로 비난해서는 안 된다.

☺ 그런 전략 덕분에 그들이 고단한 현실을 이겨낼 수 있다는 점을 명심하고 그들의 전략을 최대한 존중하려고 노력해야 한다.

☺ 이런 점에서 보면 자기애성 성격 장애 환자들은 존경과 감탄을 받아 마땅한 사람들이다.

○ 성격 장애란 장기간 지속되는 상태와 행동 패턴으로 생활 방식, 자신 및 타인과의 관계에서 잘 드러난다. 환자의 인지, 사고, 감정, 관계 패턴이 다른 사람들과 너무 다르기 때문에 많은 개인적·사회적 상황에서 뚜렷한 행동 차이가 나타난다. 성격 장애는 대부분 아동기나 청소년기에 시작되고, 시간이 가면서 차츰 반응 패턴으로 굳어진다. 따라서 환자는 상황에 유연하게 대처하지 못하고 사회적으로 부적절하거나 비합리적인 행동을 하게 된다.

○ 자기애성 성격 장애 환자는 전체 인구의 0.5~2.5퍼센트 정도로 추산된다. 의학적 기준에 해당하지는 않지만 자기애성 성격 성향이 강한 사람의 수는 그보다 훨씬 많다. 경제·정치·예술·공적 활동 분야에 이런 사람이 많다.

○ 자기애성 성격 장애의 주요 증상은 다음과 같다.

— 자신이 대단히 중요한 사람이라는 생각이 과하다.

— 끝없는 성공, 권력, 칭송, 뛰어난 외모, 이상적인 사랑에 대한 망상이 심하다.

— 자신은 '특별하고' 비범한 사람이어서, 특별한 사람이나 유명인만이 자신을 이해할 수 있다고 확신한다.

— 과도한 숭배를 요구한다.

— 과하게 특별 대우를 바란다거나 주변 사람들이 자신의 기대에 자동으로 응하리라 생각한다.

— 인간관계에서 착취를 한다.

— 공감이 부족하다. 타인의 감정과 욕구를 알아차리거나 타인과 자신을 동일시하려는 의지가 없다.

— 타인을 자주 질투하고 타인이 자신을 질투한다고 믿는다.

— 거만하고 도도한 태도나 행동을 보인다.

○ 자기애성 성격 장애의 원인으로는 생물학적 요인(가령 쉽게 상처받고 적개심과 불신이 강하다)과 함께 유년기의 특수한 조건이 거론된다. 특히 아이를 거부하거나 아이에게 과도한 요구를 하고, 조건 없는 사랑과 인정을 줄 수 없는 부

모 밑에서 자란 사람은 자기애성 성격 장애 환자가 되기 쉽다.

○ 직장에서든 개인적인 관계에서든 자기애성 성격 장애 환자를 대할 땐 결함과 문제점에만 신경을 곤두세워선 안 된다. 결점을 메우고도 남을 능력과 지성, 특별한 재능, 인맥 등도 함께 생각해야 한 사람을 전체적으로 볼 수 있다.

○ 이 책은 자기애성 성격 장애 환자의 가족, 친구, 동료, 상사인 당신에게 도움을 주고자 쓰였다. 당신이 환자의 문제점을 보다 세심히 파악해 환자가 불러올 수도 있는 여러 문제에 잘 대처하도록 돕고자 한다. 환자와의 관계로 인해 당신이 해를 입지 않는 것이 무엇보다 중요하다. 따라서 환자와 거리를 두어야 할 시점을 정확히 파악할 수 있도록 도움을 줄 것이다.

○ 자기애성 성격 장애 환자들은 개인의 실패와 실망을 상상 세계로의 도피를 통해 보상하려고 한다. 그런 상상이 한편으로는 방어 기능을 하지만 또 한편으로는 부정적인 영향을 미칠 수 있다. 점점 더 현실과 멀어지도록 만들기 때문이다.

○ 자기애성 성격 장애 환자는 주변 사람들에게 끊임없이 칭찬을 바란다. 탐욕적일 정도로, 때로는 중독에 가까울 정도로 칭찬과 인정을 바라는 모습 뒤편에는 아무리 노력해도 부족하다는 극도의 불안과 자괴감이 숨어 있다.

○ 자기애성 성격 장애 환자 중에는 넘치는 매력으로 차갑고 계산적인 면모를 숨기는 사람들이 있다.

○ 그들에게 가장 중요한 것은 사회적 인정과 영향력이다. 따라서 그들은 돈과 외모와 성공으로 부족한 자존감을 보상하려 한다.

○ '돈 후안'처럼 여자들의 마음을 사로잡아 부족한 자존감을 보상하려는 남성들이 있다. 여성의 경우 같은 행동을 '님포마니아'라고 부른다. 그들은 마음을 나누는 진정한 사랑을 알지 못한다. 사랑은 그들의 마음에 공포를 불러일으킨다. 감정을 나약함의 증거라고 생각하므로 사랑을 느낀다면 자존감이 더 곤두박질칠 것이기 때문이다.

○ 차갑고 매정한 환자가 실은 열등감에 괴로워하는 불안한 사람이라는 사실을 알아차리기란 쉬운 일이 아니다. 그들이 걸핏하면 마음에 상처를 입으면서도 한편으로는 '차가

운' 분노로 공격을 해대는 이유는 자존감이 한없이 낮기 때문이다. 그래서 아무것도 아닌 일에 상처를 받고, 거만하고 공격적인 태도로 자신을 방어하려 애쓰는 것이다.

○ 자존감 문제를 화려한 외모로 숨기려 애쓰는 사람들도 있다.

○ 성공, 돈, 외모 같은 보상 전략이 통하지 않을 경우 환자는 심각한 위기에 빠질 수 있고 심한 경우 자살을 시도하기도 한다.

○ 자기애성 성격 장애 환자들은 어린 시절의 상처를 너무나 심각하게 받아들이기 때문에 차가운 분노를 표출하며 반항한다. 그들은 외친다. "더는 싫어!" 환자와의 관계를 개선하려고 노력하는 당신에게는 그런 말이 얼굴에 끼얹는 찬물 한 바가지와 다를 바 없다.

○ 무소불위의 권력 역시 심각한 자존감 문제를 보상하는 한 가지 방법이다. 머리가 좋고 사교성이 뛰어난 경우 자기애성 성격 장애 환자도 정계나 재계의 높은 자리에 오를 수 있다. 그런 사람들은 절대 복종을 요구하고 자신과 다른 의견을 결코 허락하지 않는다.

○ 권력을 휘두르는 경우와는 정반대로 불안을 솔직하게 드러내고 자신은 '아무것도 아니다'라고 느끼는 사람들이 있다. 자신을 낮추고 남에게 무조건 순응하는 이들의 태도는 주변 사람들에게 짜증을 유발할 수 있다.

○ 긍정적인 관점에서 존경과 인정을 받지 못한다면 어둠의 세계에서라도 '영웅'이 되려 한다. 범죄 행각과 범죄자들의 존경이 자존감을 크게 높여줄 테니 말이다. 자기애성 성격 장애 환자에게 최악은 '중간'이 되는 것이다. 자존감이 낮은 그들에게 '중간'은 도저히 참을 수 없는 상태이다.

○ 어릴 때는 수줍음을 많이 타고 소극적이었던 아이가 성인이 되어 수치심을 숨기기 위해 '뻔뻔한' 행동을 하는 경우가 있다. 이런 사람들에겐 아무렇지도 않은 척 행동하는 것이 최선이다. 이런 사람들은 자존감이 위태롭다고 느끼지 않아야 조금이라도 상대에게 마음을 열기 때문이다.

○ 자기애성 성격 장애 환자 중에는 실패와 모멸감을 딛고 세상을 긍정적으로 바라보는 재능이 특히 뛰어난 사람이 있다. 이들은 긍정적인 해석을 통해 고단한 현실을 잘 견

며낸다. 그런 점에서 본다면 그들은 우리의 존경과 감탄을 받아 마땅한 사람들이다.

○ 자기애성 성격 장애 환자와 잘 지내는 법.

— 환자와 대화하려고 노력하라.

— 환자의 통찰력에 호소하고 당신은 무슨 일이 있어도 그를 존중하며 끝까지 함께할 것임을 알려라.

— 그가 현실에서 능력 있고 성공적인 삶을 사는 사람이라는 것을 강조함으로써 그의 불안을 잠재우려 노력하라.

— 환자에게 전문적인 치료를 권하라. 환자가 고통스러워하고 있고, 당신의 권유를 걱정의 표현으로 생각한다면 아마 치료를 받겠다고 할 것이다.

— 당신이 피해를 입을 것 같다면 확실히 선을 그어야 한다.

— 갈등에 깊이 연루되지 않았고 환자와도 친분이 있는 사람을 골라 사정을 털어놓고 조언을 구하자. 남에게 개인적인 사정을 털어놓기가 꺼려질 수도 있겠지만 절대 부끄러워하지 말아야 한다.

— 당신도 필요하다면 망설이지 말고 전문가에게 도움을 받아야 한다.

― 필요하다면 용기를 내서 일시적이나마 환자와 관계를
끊어라.

1. Maaz, 2012.

2. Haller, 2013.

3. Aargauer Zeitung, 2014.

4. Twenge und Campbell, 2009.

5. Tageswoche 2011.

6. Schneider, 2014, 2015.

7. Schneider, 2014.

8. Schlagmann, 2008.

9. Wieseler, 1856, (http://www.oedipus-online.de/narziss_mythos.html).

10. Kohut, 2007.

11. Kohut, 2007.

12. Reprinted with permission from the Diagnostic and Statistical manual of Mental Disorders, Fifth Edition, (Copyright 2013). American Psychiatric Association.

한국어판: DSM-5 정신질환의 진단 및 통계 편람(제5판), (주)학지사, 2015.

13. Millon, 2007.

14. Paulhus und Williams, 2002.

15. Kernberg, 2002.

16. Kohut, 2007.

17. Millon, 2007.

18. Millon, 2007.

19. Millon, 2007.

20. Millon, 2007.

21. Wikipedia, 30.03.2016.

22. Wirth, 2017.

23. Wirth 2017, S. 44/45.

24. Wirth 2017, S. 43.

25. Wirth, 2017, S. 44.

26. Kohut, 2007.

27. Kohut, 2007.

28. Millon, 2007.

참고문헌

Aargauer Zeitung (2014): http://wwwe.aargauerzeitung.ch/leben/
bicken-sie-in-den-spiegel-des-narziss-erblicken-sie-das-ge-
sicht-der-gesellschaft-127568759. Zugriff 29. 07. 2015.

Haller, R. (2013): Die Narzissmusfalle. Anleitung zur Menschen-und
Selbstkennt-nis. Econ, Salzburg.

Hartmann, H.-P. (2006): Narzisstische Persönlichkeitsstörungen-ein
Überblick. In: Kernberg, O. F., Hartmann, H.-P. (Hg.) (2006): Nar-
zissmus. Grundlagen-Störungsbilder – Therapie. Schattauer, Stutt-
gart.

Kernberg, O. F. (2002): Borderline-Störungen und pathologischer
Narzissmus. 12. Aufl. Suhrkamp, Frankfurt/M.

Kohut, H. (2007): Narzissmus. 14. Aufl. Suhrkamp, Frankfurt/M.

Maaz, H.-J. (2012): Die narzisstische Gesellschaft: Ein Psychogramm.
C. H. Beck, München.

Millon, Th. (2007): Psychiatrie der Charité, Narzissmus. Theodore
Millon: Disorders of Personality. Chapter 11: Narcissistic Personal-
ity Disorders. www.http://charite-psychiatrie.de/fileadmin/pdf/
lehre/2007/psy/vlpl_07_narzissmus.pdf). Zugriff 20. 10. 2016.

Schlagmann, K. (2008): Zur Rehabilitation von Narziss-Mythos und Begriff. Integrative Therapie-Z. vergleichende Psychotherapie und Methodenintegration 34, 443-464.

Schneider, P. (2014): Wird man narzisstischer durchs Online-Ich? Tagesanzeiger. http://www.tagesanzeiger.ch/leben/gesellschaft/Wird-man-narzisstischer-durchs-Onlineich/story/30437343. Zugriff 29. 07. 2015.

Schneider, P. (o. J.): Man wird zur Selbstvermarktung geradezu gezwungen. Migros Magazin. http://www.migrosmagazin.ch/menschen/interview/artikel/peter-schneider-zur-selbstvermarktung-geradezu-gezwungen. Zugriff 29. 07. 2015.

Tageswoche (2011): Der Narzissmus breitet sich aus wie ein Virus. http://www.tageswoche.ch/de/2011_47/international/115643/. Zugriff 21. 10. 2016.

Twenge, J. M., Campbell, W. K. (2009): The Narcissim Epidemie. Living in the Age of Entitlement. Atria Paperback, New York.

Wieseler, F. (1856): Narkissos. Eine kunstmythologische Abhandlung nebst einem Anhang über die Narcissen und ihre Beziehung im Leben, Mythos und Cultus der Griechen. Verlag der Dieterichschen Buchhandlung, Göttingen.

Wirth, H.-J. (2017): Kriminalität und antisoziales Verhalten der Mächtigen. In: Dulz, B., Briken, P., Kernberg, O. F., Rauchfleisch, U. (Hg.) (2017): Handbuch der Antisozialen Persönlichkeitss-törung.

42 – 51. Schattauer, Stuttgart.

Ohne Namen: http://www.oedipus-online.de/narziss_mythos.html.
Zugriff 29. 07. 2016.

옮긴이 장혜경

연세대학교 독어독문학과를 졸업했으며, 같은 대학 대학원에서 박사 과정을 수료했다. 독일 학술교류처 장학생으로 하노버에서 공부했다. 현재 전문 번역가로 활동 중이다. 《스트레스는 어떻게 삶을 이롭게 하는가》, 《삶의 무기가 되는 심리학》, 《내 안의 차별주의자》, 《나는 왜 무기력을 되풀이하는가》, 《나는 이제 참지 않고 말하기로 했다》, 《사물의 심리학》, 《나무 수업》, 《우리는 어떻게 괴물이 되어가는가》, 《심장이 소금 뿌린 것처럼 아플 때》 등 여러 책을 우리말로 옮겼다.

가까운 사람이
자기애성 성격 장애일 때

첫판 1쇄 펴낸날 2021년 3월 30일
　　5쇄 펴낸날 2024년 4월 22일

지은이 우도 라우흐플라이슈
옮긴이 장혜경
발행인 김혜경
편집인 김수진
편집기획 김교석 조한나 유승연 문해림 김유진 곽세라 전하연 박혜인 조정현
디자인 한승연 성윤정
경영지원국 안정숙
마케팅 문창운 백윤진 박희원
회계 임옥희 양여진 김주연

펴낸곳 (주)도서출판 푸른숲
출판등록 2003년 12월 17일 제2003-000032호
주소 서울특별시 마포구 토정로 35-1 2층, 우편번호 04083
전화 02)6392-7871, 2(마케팅부), 02)6392-7873(편집부)
팩스 02)6392-7875
홈페이지 www.prunsoop.co.kr
페이스북 www.facebook.com/simsimpress　**인스타그램** @simsimbooks

ⓒ푸른숲, 2021
ISBN 979-11-5675-870-9 (03180)

심심은 (주)도서출판 푸른숲의 인문·심리 브랜드입니다.

∘ 잘못된 책은 구입하신 서점에서 바꾸어 드립니다.
∘ 본서의 반품 기한은 2029년 4월 30일까지입니다.